ぶり方

尾藤克之

マイナビ新書

はじめに

会社員に責任はつきものです。でも**「それってオレの責任じゃないよ」**というケース、よくありませんか？

●部長の企画を遂行して失敗したのに、そもそも企画自体が自分のせいになっている
●課長からもらったフォーマットをもとに報告書を書いて部長に提出したら、「なんだ、このデタラメなフォーマットは！」といわれた。あの、それ課長が作ったフォーマットなんですけど……
●課の売上が悪いのは自分だけの責任じゃないのに、なぜかオレひとりが悪者になっている
●部長もOKといっていたクセに、社長が反対したとたん「自分も反対でした。ダメだよ、お前」とかいってやがる
●課長が安請け合いした仕事なのに、結局、動いているのは自分だけ

●課長に指示されて書いた稟議書なのに、部長に却下されたら知らん顔している

などなど、ドロをかぶらされるケースはいくらでもありますよね。ここに挙げた些細なドロならまだいいですが、ときには大きなプロジェクトの責任をとらされたり、会社をクビになってしまうかもしれないようなケースもあったりします。

私はかつてバリバリの55年体制下の自民党で国会議員秘書をしていました。お世話になった先生の中には大臣経験者や県知事になられた方もいらっしゃいます。そんなことを新しく知り合った方々に話すと、「議員秘書っていろいろドロをかぶらされて大変だったでしょう」とよく断言されます。

たしかに議員秘書はドロをかぶることが多いかもしれません。最近でも大物政治家の資金管理問題で、秘書だけが有罪になるケースもありました。政治家のスキャンダルが相次いだ時期には、「私は存じません。すべて秘書に任せておりました」といったセリフがニュースを騒がせたこともありました。

そんなイメージのまま私の経歴を聞いた人の多くが、先のようなセリフを発するのです。

もちろん、国会議員秘書の全員が全員、ドロをかぶらされているわけではありません。ましてや刑事裁判沙汰になるようなドロは、いくら国会議員秘書だってかぶりたくはありません。

しかし、私は「**議員秘書はドロかぶりのプロである**」と断言します。

裁判沙汰になるようなケースは例外ですが、議員秘書がドロをかぶる場面はいたるところによくあります。

私のような国会議員秘書のボスは、当然ながら国会議員です。国会議員は面接試験などでなれるものではなく、必ず選挙で当選しなければいけません。しかも終身雇用などあるはずもなく、数年に1度、選挙の洗礼を受けることになります。

その国会議員にとって、何かスキャンダルが起きると、それは自らの落選を意味することになります。議員秘書にとって、国会議員の落選は、所属していた会社が倒産することと同じです。なんの保証もなく、いきなり「明日からこなくていいよ」といわれる世界なのです。

そんなシビアな雇用関係の中では、議員秘書自身にとって、最優先で守るべきものは雇い主である議員本人となります。

だからこそ、議員秘書は「ドロのかぶり方」が自然と身につくのです。

たとえば、新聞などでよく目にするパターンでは、議員に就職あっせんや有名大学の裏口入学のお願いをするケースがあります。新聞で目にするということは、何か社会通念上許されない行為があって事件化しているのですから、そんな議員の秘書は、ダメなドロをかぶっています。

本当のドロかぶりのプロは、絶対に違法行為には手を出しません。たとえ有力な支持者からのお願いであったとしても、違法行為が露見したら、議員の落選は自明の理だからです（というか、そもそも立候補自体できません）。世間は違法行為を隠し通せるほど甘いものではないのです。

しかし、有力な支持者を無視できないのも事実。その方が議員を見限ったら選挙が危なくなるのも困ります。

では、どうするか？

違法行為に手を出さず、支持者も満足させる秘書ならではの方法があります。が、ここでは書きません。ぜひ、第1章を読んでください。本当は「はじめに」で答えを書いてしまいたかったのですが、担当編集者のKさんが許しませんでした。私の力がおよばず、申し訳ございません。

本書は上手なドロのかぶり方について書いています。上司も顧客も満足させ、自分のためにもなるドロのかぶり方を解説していきます。本書に記したことが、日々奮闘されているみなさまの一助となれば幸いです。

2013年8月吉日　尾藤克之

ドロのかぶり方

目次

第2章 ドロをかぶる前の必須準備 自分の味方を増やすテクニック

第3章　いざ、参らん ドロかぶりの基本テクニック

第4章　破滅しないためのドロかぶりのリスクマネジメント

第5章　応用ワザ満載 ドロかぶりケーススタディ

第6章　幸せなドロかぶりの未来

第1章

ドロかぶりの7つの心得

ドロを見極めよ

ドロにはかぶってよいものと、悪いものがあります。

いや、正確に言うと、**絶対にかぶってはいけない「ドロ」が存在する**のです。それ以外のドロなら、なんとかなります。たいていドロをかぶらされるときは、否応もなくかぶらされるものです。より好みはできません。ならば、絶対に避けなければいけないドロを知っておくことが、最善の対策となります。

では、絶対にかぶってはいけないドロとは何か。

ひとつは違法行為になるものです。収賄とか、背任とか、そんなことを促してくるドロかけ屋さんに注意しなければいけません。

たとえば「はじめに」でも紹介した裏口入学のパターン。当然、この行為は悪です。社会的抹殺を受けます。こんなドロを議員に押しつけてはいけません。

「息子をどうしてもK大学に入れたいんです。先生にお願いしてもらえませんか？」

もし、私がこんなことをいわれたら、素直に「わかりました」と答えます。議員秘書としては支持者からあった要望に対しては「是」と答えるのが、ボスのイメージを悪くしない唯一の答えなのです。

しかし、ここで**重要なのはドロの本質**です。

裏口入学を実行し、その結果、得られる支持者からの支援と、裏口入学が露見したときのリスク、どちらが大きいでしょうか。考えるまでもありません。

私なら裏口入学を依頼されたとしても、違法行為におよぶことはしません。支持者には「わかりました」とだけ伝えておいて、ほっとくでしょう。その結果、たとえ大学に合格できなかったとしても、それでよしとします。

ただ、ここでプロの腕の見せ所です。

「本当に申し訳ございません。今回は私の力不足でした。私の責任でございます」

私はきっと失意と怒りで満ち溢れている支持者の方にそう伝えるでしょう。場合によっては土下座することも厭《いと》いません。細かいテクニックはいろいろとあるのですが、絶対におさえるべきポイントは「自分の力不足」ということです。先生の力不足ではありません。

裏口入学の依頼をしてくるようなケースでは、支持者自身も後ろめたい気持ちがあります。そこまで平謝りすれば、たいていは支持者も矛をおさめざるをえません。

もし、違法行為を依頼してきてもまったく意に介さないような支持者なら、いずれ先生に破滅をもたらす危険性の高い支持者ともいえますので、それはそれで秘書として対策を考える必要が出てきます。

それに、そもそも議員の当落を決定するような力のある支援者だったら、議員に頼らなくても、その手の行動に移ることはできるものです。もちろん、そのような実力者は、コンプライアンスもしっかりされている方々なので、そのような行為に流れることはありえません。

ほかに絶対にかぶってはいけないタイプのドロとしては以下のようなものがあります。

●解決策が見えないドロ

●すでに勝負がついているドロ（火中の栗）

- **意図的に仕掛けられた罠がいっぱいのドロ**
- **かぶったあとの世界が見えないドロ**

それぞれの対処法についてはのちほど詳しく触れますが、みなさんも注意してください。

言い訳はするな！

ドロかぶりの素人はよく言い訳をします。もしくは「私はしかたなくドロをかぶりました」というアピールをします。

プロは言い訳をしません。言い訳はドロをかぶった勲章を曇らせるからです。あなたが**ドロをかぶる最大のメリットは、相手に「恩」を売れること**です。この「恩」の印象を薄れさせては元も子もありません。

ドロをかぶるときは覚悟を決めて、徹底的にかぶりましょう。再起などを考えてはいけないのです。

なぜなら、再起を考えると、ドロのかぶり方が中途半端になるからです。**ドロかぶせ屋さんは、恐ろしいほど、かぶせた相手の態度に敏感です。**何かしらのバーターを要求し、損得勘定したようなドロのかぶり方は、何も良い結果を生みません。

だって、考えてみてください。

ドロをかぶせるほうは、スケープゴートを探しているのです。そのスケープゴートが取引をするようなヤツなら、あなたは信用できますか？

取引を持ちかけてくるということは、その取引が成立しない場合、かぶせたドロが自分に返ってくるかもしれないのです。何かの利益を求めた段階で、ドロをかぶせるほうは徹底的な防御線をはります。つまり、ドロをかぶったほうは、せっかく恩を売るチャンスだったのに、それをみすみす逃してしまっているのです。

さらに悪いケースでは、かぶったドロを理由に、クビを切られるかもしれません。ドロをかぶらされるということは、ドロをかぶせるほうと比べて、自分の立場が弱い証拠です。そんな立場で上からにらまれたら、潔く辞めるしか道はなくなります。そんな状況に追い込まれないためにも、ドロをかぶるときは言い訳をしてはいけません。
上司に恩を売るせっかくのチャンスなので、徹底的にかぶってあげましょう。

損得はドロかぶりの前に決まっている

ドロかぶりの損得はドロが現れる前に決まっています。危険なドロに近寄ってはいけません。先ほどの裏口入学のケースでは、そのような心根の支持者に近寄ってはいけないのです。贈収賄などの汚職系事件で話題になる秘書は、この視点が足りていないのです。

では、逆にお金を払ってでもかぶりたい、得するドロはあるのでしょうか？ あります。**成功したときに出世したり、給与が上がったり、評判が死ぬほど上がるようなドロは大歓迎**です。議員秘書なら、先生が何らかのトラブルに巻き込まれそうな際に守ることなどがそれですが、ビジネスマンだと次のようなものが挙げられます。

- うまくいっていない新規事業のプロジェクトリーダー
- 取引を切られそうな大口顧客の営業担当
- 設立以来、赤字しか計上していない部門の責任者
- 不祥事の後始末を託されたリーダー

共通することは、「**現在、うまくいっていないこと**」です。

このようなケースでは、上司は見て見ぬフリをしていたり、状況は理解しているけれど、対応策を打てないでいたりすることが少なくありません。

特に対処が難しいのが、多額の出費をしたプロジェクトの中止や事業撤退です。

撤退を決めるということは損失を確定することを意味します。

損失を確定すれば、今まで投資したコストに見合う利益を回収することが不可能になります。非常に勇気がいる決断なのです。

そして、撤退には大きな負担がつきものです。撤退のシナリオを綿密につくり、取引先へ説明し、社内メンバーに告知し、上場していれば株主への説明を周知させて納

お金を出してでも買いたい得するドロ

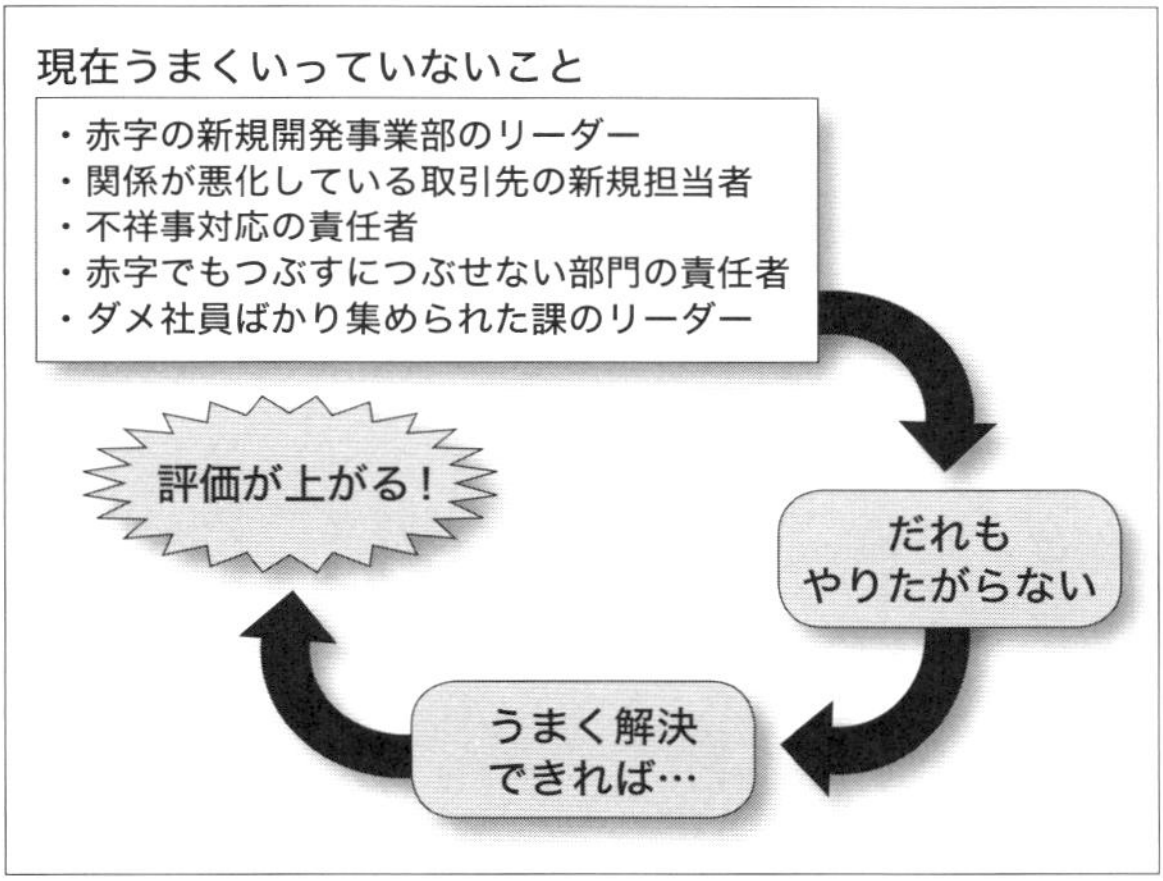

得させなくてはいけません。

つまり、この種のドロをかぶってうまく事態に対処できれば、それだけあなたの能力は高く評価されるのです。この場合、**プロジェクトを黒字化することだけが、飛躍への道ではない**ことに留意しておいてください。あえて、事業を終わらせることが、評価につながるケースもあるのです。どちらにせよ、対処に成功したとき、あなたの評価はうなぎのぼりになるのです。

次のような場合、あなたならどうしますか？

①いま中止すれば本事業の損失は10億円である
②本事業を継続すれば半年後には15億円の損失、1年後には20億円の損失が見込まれるが、経営環境が好転すれば収支がプラスマイナスゼロになる可能性も30％ある

事業を継続するのであれば、30％の確率で累積損失を一掃できるチャンスがあるわけです。おそらく、ほとんどの場合、②を選択するはずです。

上層部は、「いままで投資したコストがもったいない。もう少し継続させよう」と考え、事業メンバーも「もう少しやらせてほしい」という流れになることでしょう。

しかし、失敗したときは1年後の損失が2倍になってしまいます。もし、それだけの損失を許容できない状況なら、①を選択すべきです。

事業撤退の場合、誰が責任を取るのかという議論になりがちです。

私の経験上、このようなときに、責任論を振りかざしても建設的な議論になることはありません。むしろ、関係者のモチベーションが下がり、その後の事業展開に悪影響をおよぼす危険性のほうが高くなります。

責任論が噴出したとき、ドロかぶりは「事業開始の意思決定は間違っていませんでした。環境が変わったので仕方のないことです。撤退の意思決定は英断です」と責任の追及に歯止めをかける役割を担わなければいけません。

これが重要なミッションになります。

誰かが責任を負わされそうになっていたら、同様に責任を追及することの不合理さを上申して、責任を負わないためのプランニングをすることです。責任追及は会社に壊滅的な打撃を与えることがあるからです。

このようにして状況を好転させることができたら、あなたは敏腕ビジネスマンとして認められるでしょう。それにこのようなドロは、経営戦略上、どうにかしたいドロでもあるのです。そのドロをかぶり、事態を打開できたら、あなたの評価が上がるのは、容易に想像できます。

リスクには2種類あるのです。冒した時点で社会的制裁を受けるリスク（法律違反系）と、やってみないと成功するか失敗するかわからないリスクです。

後者のリスクは徹底的に冒してください。ドロの損得は、冒すリスクの種類ですでに決まっているのです。

客観的視点に立て！

ドロをかぶるときに一番気をつけるのが「客観的視点」です。

人間は自分に甘く、他人に厳しいものです。それは「自分はできているが、他人はできていない」という自己分析につながります。

たとえば、居酒屋での愚痴。気に入らない同僚のことを「あいつ、この前、お金もらっている取引先に『お世話様です』とかいってやがった。『お世話様です』はお金をあげるほうが使う言葉だよな。まともに敬語ひとつできないんだぜ、ヒドクねぇ」と批判していたら、偶然、その居酒屋に入ってきた上司に声をかけられ「ご苦労様です！」といったりするものです。「ご苦労様」は目上から目下にかける言葉です。

人はとかく長所より短所、ポジティブな面よりネガティブな面に意識がいきがちです。自分では正しいと思っているときに、重箱の隅をつつくように、「それは間違っている」と指摘されたことはありませんか？

指摘する側、された側、双方とも気分が悪いものです。このような場合、その後の対処方法によって事態や関係性は大きく変化します。

指摘された側は、即座に反撃をしないことです。少なくとも、自分が正しいことを証明しようとする前に、反論すべきかどうかを考えてみなくてはいけません。批判されたことで、頭に血がのぼって感情的にならないようにしてください。言い争いを見ていて気持ちのいい人はいません。とくに言葉尻をとらえて食ってかかるような反応は禁物です。

このような場合は、**大きな問題でなければ、自分が折れてしまうか、同意してやり過ごすのが一番です。**特に、上司や同僚の場合、下手に反論して根にもたれてしまうと、多くのものを失うかもしれません。

ところで、なぜ、ドロかぶりに「客観的な視点」が必要なのでしょうか。

答えは単純です。**かぶったドロが誰の目から見ても「ドロ」でなければいけないか**

らです。

もし、この客観的視点がないと、自分はドロをかぶったつもりでも、かぶせたほうはドロとは思っていない、なんともさびしい状態になってしまいます。

さらに「客観的視点」があることで、恐れることなくドロをかぶれます。ドロを客観的に見ているということは、そのドロの大きさや質を明確に理解していることを意味します。つまり、ドロをかぶったあとの影響を予測しやすいのです。

責任が10のドロをかぶったとき、それが30のドロになるケースはそうそうありません。ならば、ドロをかぶる時点でこの「10」の責任に対する影響を考えることができるのです。

また、前述したようにドロには絶対に近寄ってはいけない種類のものがあります。客観的視点があることで、この種のドロを回避することもできるのです。

ところで、先ほどから「客観的視点」が重要だと繰り返していますが、これを身につけるためにはどうしたらいいのでしょうか。

いちばん簡単な練習法は、自分をビデオでとることです。客観的視点がないという

かぶるドロは誰が見てもドロでなければいけない

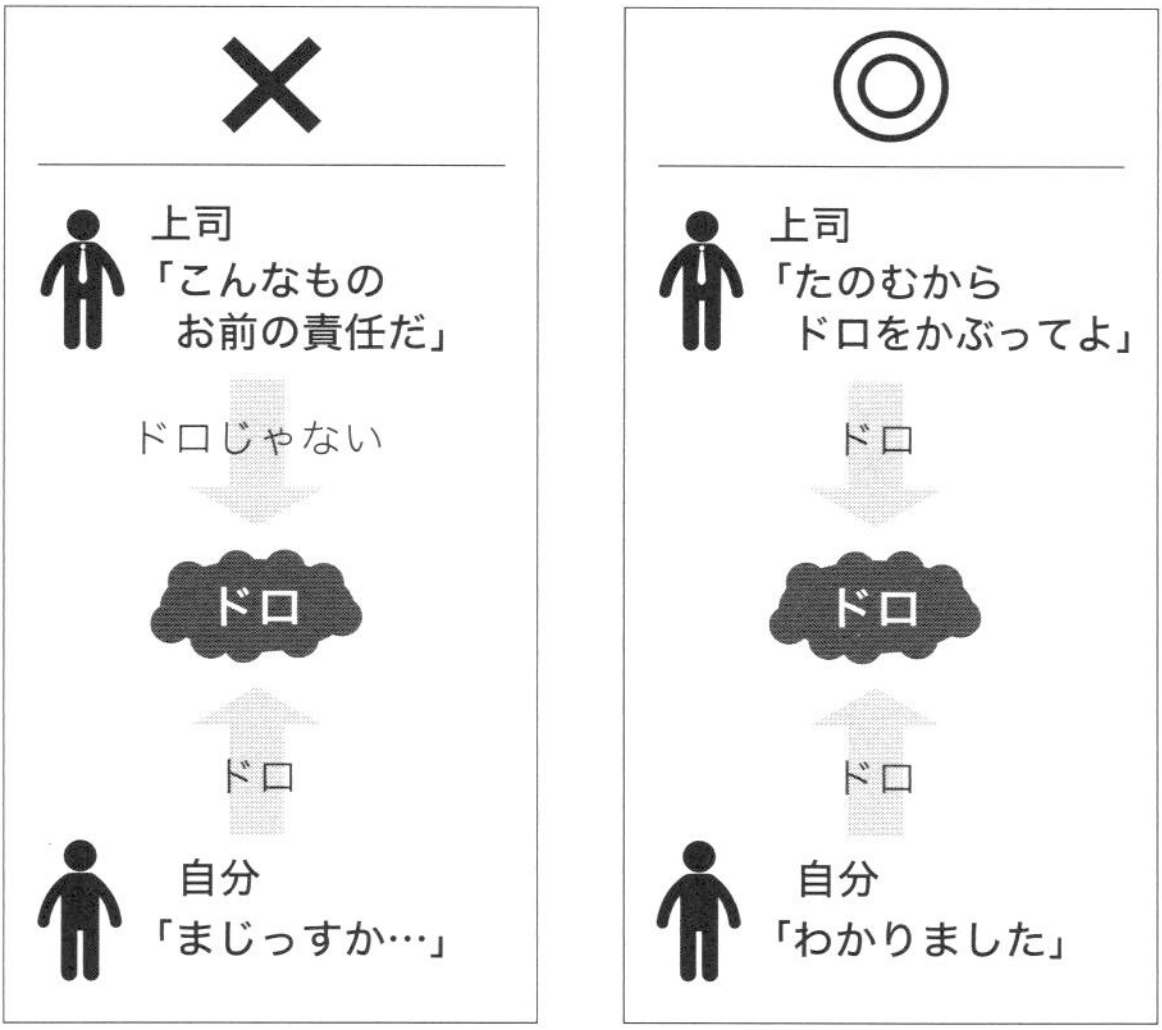

ことは、当たり前ですが、主観的視点で物事を判断している証拠です。

だったら、自分のスピーチなり、商談なりをビデオ撮影し、それを見返すのが良い練習法となります。自分がどんな話し方をして、どんな印象を相手に与えているのか、否が応でも認識させられます。こうやって自分を見るクセがついたら、いろいろなことに対して客観的視点をもって考えられるようになります。

悪評は一切気にしない

あなたがドロをかぶるとき、周囲はどう思うでしょうか。

「ざまあみろ！　責任をとらされてやんの！」

「カッコつけの腰ぎんちゃくが！」

いろいろな声が聞こえてくるでしょう。

このような悪評を気にする必要性はまったくありません。

自分の評価は、他人がするものです。それを気にしたところで、何か変えられるものではありません。基本的に気にしてはいけないのです。

悪評を耳にしたときは、妙な言い訳や弁解はせず、すべて黙認してください。

企業の不祥事や政治家のスキャンダルのときの対応策を見れば、効果的な対処が一目瞭然です。

たとえば、2000年に発生した雪印乳業の食中毒事件は記憶に新しいところではないでしょうか。記者団が質問を投げかけると「私は寝てないんだ」という発言をしてしまった社長の映像は、繰り返しテレビで放映され、「雪印の無責任な経営体質」を象徴する場面となり、多くの消費者の記憶に刻まれました。

しかし、あの場面を知る人物に話を聞くと、記者会見が長時間におよんだため、会社側がいったん会見を打ち切ったにもかかわらず、記者団が社長を強引に追い掛け回した結果「つい出てしまった一言」だったそうです。当初はそれほどの問題とは思わなかったといいます。

一場面であったとしても、クローズアップのされ方によっては命取りになるのです。

政治家のスキャンダルでは、1990年代にアメリカで起きたビル・クリントン大統領（当時）とモニカ・ルインスキーさんとの不適切事件が好例です。政府の特別検察官が大統領の偽証疑惑に乗り出して刑事事件にまで発展しました。

大統領はテレビ演説で国民に「不適切な関係」を認めました。

当時の、米国CBSの興味深い調査データがあります。

〈大統領のテレビ演説をどう考えているか〉
● 大統領は辞職するべきだと考える人……………………30％
● 大統領は任期まで続けるべきだと考える人…………67％
● これ以上不倫疑惑を追及するべきでないと考える人……56％
（複数回答）

「大統領は浮気をしたから法廷での発言は偽証になりますが、仕事は評価するので辞職の必要はありません。スキャンダルの暴露話はもう十分だし聞きたくない」

これが当時の米国民の感情だったわけです。

一般のビジネスマンがこれらのような不祥事やスキャンダルに巻き込まれることはないと思いますが、あなたが有能なドロかぶりになればなるほど、それを妬んだり、悪い評判を流す輩は出てくるものです。

もし、あまりに事実とは異なるようなでっち上げや、人格に関わるような悪評を流されたら、直接抗議をするのではなく、あなたの味方である上司や実力者の権威を借りて抗議すればよいのです。相手は二度と悪評をいわなくなるに違いありません。

ただし、悪評をいちいち雑巾で拭いているようでは器量の小さい男と思われてしまうことも注意事項として挙げておきます。

一番いいのは、気にしないことなのです。

自分は最後の砦

ドロをかぶるときは「自分が最後の砦」という意識を常に持っていなければいけません。なぜなら、その意識がある限り、ドロの大きさを正確に把握できるからです。

もし、自分以外に最後の砦がいたら、「あとはあの人の責任」という甘えが出てきてしまいます。この甘えは自分の目を曇らせてしまいます。もし、「上司が最後は責任をとってくれるはずだから、このドロをかぶろう」と考えてかぶったドロを、上司がかぶってくれなかった場合、あなたはどうなるでしょうか。

客観的に考えれば、ドロをかぶっているのは最初からあなただけなのです。上司がかぶるつもりなら、最初から部下には押しつけません。「こんなはずじゃなかった」

とならないためにも、「自分が最後の砦」つまり、**すべての責任は自分がとる、という強い意思が必要**なのです。

これは言い方をかえれば、「何事にも責任を負う覚悟がある」という意味にもなります。

2012年12月の衆議院議員選挙で与党だった民主党が大敗しました。8人の現役閣僚が落選する歴史的な大敗です。

この直後、民主党内では、野田佳彦総理（当時）や党の責任だと批判する発言が目立ちました。これらの発言の多くは他責（自分は悪くなく他に責任がある）発言でした。国会議員は公人ですから社会に対して大きな影響力を持っています。その公人が落選した責任を他人に転嫁する姿勢は有権者の視点で見ていても見苦しく恥ずかしいものでした。

そのような中、岡田克也副総理（当時）が「選挙は、最終的には自分の責任。執行部や他人の責任にするところから改めないと、この党は再生できない」と発言しました。

私は、その通りだと思いました。実際に同じ民主党のなかでも実力者といわれている人たちは当選しています。

落選した多くの民主党候補者からすれば「自分たちは執行部のドロをかぶった」と考えているのでしょうが、客観的に見れば、有権者から自分が支持をとりつけられなかっただけです。そのような他責発言をする人物は、そもそも当選したのも「執行部のおかげ」だったことになります。その人物自身の力ではないことを、自分で暴露しているようなものです。

このような心根では、ドロをかぶることはできません。**自分に覆いかぶさってくるドロはすべて自責であり、他責ではないのです。**

ドロかぶりは愛嬌勝負

他人の評価を気にするな、と前述しましたが、敵を作らないのに越したことはありません。ドロかぶりは「愛嬌」も大切です。

愛嬌は、会社という集団のなかで、警戒心、敵対心、嫉妬心などをもたれないため

の重要なスキルです。なにか嫌なことがあっても「あいつがそういうなら仕方ないな」とか「今回の件はまいってしまったけど、彼がやったのなら仕方ないな」と、ドロをかぶりやすい土壌をつくることができるのです。

では、その「愛嬌」はどうやって出せばいいのでしょうか。

ひとつは「信頼される」ことです。「あの人は愛嬌があるよね」というのは、信頼の裏返しでもあるのです。まったく信用できない人物に対して「愛嬌」という表現は普通使いません。

この信頼を勝ち得るひとつの大きな条件は「口が堅い」ことです。私の知っているあるドロかぶりのプロは、あまり論理的に物事を考えません。「どうせ考えた通りにはならない」という思いが強いようです。その代わり、口はめっぽう堅いです。他人の秘密に必要以上に踏み込んだり、呑みの席で他人の噂話をしたりするようなことは一切ありません。

人間は他人の秘密を知れば知るほど、ついつい暴露したくなるものです。この誘惑に負けるようでは、上手にドロをかぶることはできません。「自分は口が軽い」と戒めるだけでも、十分に口を堅くできるので、常日頃から意識していましょう。

もうひとつの愛嬌の条件は、**不完全さをアピールする**ことです。

高学歴で仕事をテキパキこなす議員秘書はもちろんたくさんいますが、その多くの人が、性格がおっとりしていたり、忘れ物をしやすかったり、オヤジギャグを連発したり、どこかしら憎めないウィークポイントを持っているものです。

すべてが優秀であったら「愛嬌」は出せないのです。完璧すぎて非の打ちどころがないと、親しみが感じられなくなるのです。

ですから、多くの議員秘書は自分のダメなところもアピールします。そのダメな部分が自分の愛嬌を際立たせるからです。

ただし、条件があります。ウィークポイントは、対比するものが優秀だからこそ愛嬌となるのです。ダメなものと比べても、愛嬌にはならないのです。つまりウィークポイント以外の部分では、優秀な仕事をしなければいけません。

みなさんも、愛嬌を武器にして上手にドロをかぶるために、自分が担当している仕事については、だれにも負けないくらい精進して結果を出しておく必要があります。

【1章のまとめ】

- 絶対にかぶってはいけないドロがある
- チャンスにつながるドロを狙え！
- ドロをかぶるときに言い訳はするな！
- 客観的視点に立てば、ドロの影響を正しく把握できる
- 悪評はほめ言葉だと思え！
- 最後の砦は自分自身。その意識さえあればドロは怖くない
- 愛嬌を磨け。愛嬌があれば、みんなが助けてくれる

第2章

ドロをかぶる前の必須準備
自分の味方を増やすテクニック

上司の落とし方1　嫌な上司ほど毎日声をかける

第1章ではドロを上手にかぶるための7つの心得について解説しました。ここからはいよいよ具体的なテクニックについて説明します。

まずは自分の味方を増やすテクニックとして、だれでも簡単にマネできるものを紹介しましょう。

ドロをかぶせてくるのは、基本的には上司です。部下のドロをかぶるケースももちろんありますが、多くの人が悩むのはやはり上司からドロをかぶらされるケースではないでしょうか。

その**上司を自分の味方にしてしまえば、これほど心強いものはありません。**

上司を味方にする一番の方法、それは毎日上司とコミュニケーションをとることです。上司にとって自分が「カワイイやつ」になったり、「気になるやつ」になったりしたら、変なドロをかぶる確率はかなり少なくなります。

でも、どうしても馬が合わない上司っていますよね。

普通の人の感覚だと、こんな上司には「無理！　近づかない！」などといって、疎遠な態度をとりがちです。でも、議員秘書は違います。**馬が合わない人、もしくは自分にとって嫌な人物ほど、積極的に声をかける**ようにします。

声のかけ方は「おはようございます！」「お疲れ様です」「お先に失礼します！」など、ちょっとした挨拶程度でかまいません。

最初はこの程度でも、繰り返すことで相手とのコミュニケーションの糸がだんだんと太くなっていきます。そしてある程度、その太さを実感できるようになってきたら、何気ない話題で雑談したり、仕事上の悩みを相談したりすることで、その糸をさらに強化していくのです。

議員秘書がよく使うコミュニケーションテクニックに、**「うなずき君」**と**「うんそう君」**があります。

コミュニケーションの基本は「聞く」ことです。相手の話をしっかり聞いていますよ、とアピールすることで、「お、こいつは俺の話をよく聞いてるカワイイやつだな」と上司を陥落していくのです。

その聞く姿勢をアピールする武器が「うなずき」と「うん・そう」という相槌《あいづち》なのです。

上司「ドロかぶり商事の斉藤部長と今度ゴルフに行くことになった」
部下「へえ、そうなんですか？」
上司「ただ、斉藤部長はゴルフがそんなにうまくないんだよなぁ」
部下「へえ、そうなんですか。意外ですね」
上司「お前もゴルフ下手だっけ？」
部下「そうなんですよ（うなずく）。今度教えてください」

この会話だと、部下は基本的に「そう」と上司の話を肯定しかしていません。しかし、この効果は絶大なのです。「そうなんですか？」や「そうですね」という**相手の意見を肯定する言葉やうなずきは、コミュニケーションの大きな武器となります。**自分の話に積極的に賛意を示してくれる人物を嫌がる人間はほとんどいません。

「うんそう君」の主なバリエーションには以下のようなものがあります。

●同じ言葉を重ねる相槌タイプ

「うんうん」「ほうほう」「そうそう」「ふんふん」「はい、はい」

●同意・肯定タイプ

「うん、そうだね」「おお、それで？（話の続きを促す）」「ええ、そうだったんだ」

みなさんもこれを意識して、相手の話に乗ってみてください。効果抜群ですよ。

上司の落とし方2　わざと武勇伝を聞く

上司になる人物には、何かしら過去の栄光……、いわば武勇伝があります。その武勇伝をわざと聞くことで、上司の評価を上げるテクニックもあります。

ただし、いきなり「武勇伝を聞かせてください！」とお願いするのでは、芸がありません。お酒の席で聞くにしても、この聞き方では直球過ぎて、上司も戸惑うでしょう。それに思い出してください。わざわざ武勇伝を聞くのは、上司の自分に対する評価を上げるためなのです。どうせ聞くならもっとも効果が高くなる聞き方をしなければいけません。

私ならこう聞きます。

「課長。実はここ数ヶ月、ドロかぶり商事に営業を仕掛けていたんですが、もうちょっとのところで商談が不成立になってしまいました。課長は営業のスペシャリストと部長がいっていたのを小耳にはさんだんですが、今後の参考のために課長の若いころの営業列伝をお聞かせいただけませんか？」

ここの**ポイントは、上司よりも上位の役職者が上司をほめていたことをさりげなく伝え、さらに自分自身の「今後のため」に上司の武勇伝を参考にしたいと伝えている点**です。

上司に「学ばせてください」とお願いしているのですから、頼まれたほうもこころよく受けてくれることでしょう。ただ「教えてください」と依頼するのではなく、こうやって相手の自尊心をくすぐることも忘れてはいけません。

上司の落とし方3　部長！ 教えてください！

わざと武勇伝を聞くのと同じ理屈ですが、「上司！ 教えてください！」という定型パターンは使い勝手が非常にいいものです。

理屈は先ほど説明した通り、上司の自尊心をくすぐるからですが、このパターンはいくらでも応用が利くことに加え、もし、**ドロをかぶりそうになったときの「返しテクニック」としても使えます。**

たとえば、課の売上が足りず、課長からその責任を自分ひとりのせいにされそうな場合、このテクニックを使えば、危機を脱せる可能性もあります。

「課長、今月のノルマ達成が自分のせいで厳しい状況になってしまい、申し訳ございません。ただ、あきらめずに挽回するつもり満々です。そこで、課長に教えていただきたいのですが、自分に欠けているものは何でしょうか。今からでもそれを直して、少しでもノルマ達成に近づけるよう、努力したいんです」

部下がこんなアピールをしてきたら、課長としては悪い気はしないはずです。

ここで課長から具体的に悪い点を指摘されたら、それを直そうとしている点をアピールすればいいですし、「そんなことという前に、営業に行け！」と身もふたもないことをいわれたら、それはそれで必死に営業している姿を見せればいいのです。

ようは**「自分はがんばっています」「課長から学びたいのです」**といったことをアピールすることで、上司を自分の味方につけるのです。

定型句をいくつかご紹介しておきましょう。

●自分が失敗したときは「すみません」「自分のせい」「教えてください」

「すみません、課長。今回は私の不注意でこんな事態を招いてしまいまして。課長はこんなとき、どんな対処をしてきたんですか。後学のために教えてください」

●お酒の席でアピールしたいときは「うまくいかない」「持ち上げる」「教えてください」

「私はどうも飛び込み電話の最初の一言がうまくいかないんです。カリスマ営業マンとして名高い本部長に、ぜひ、今度教えを乞いたいんですが……」

●上司が得意げに何かを自慢したときは「さすが」「ダメ」「教えてください」

「部長、さすがですねぇ。僕なんかまったくダメなんですよ。今度、みっちりコツを教えてください」

ちょっとしたコツをつかめば、こういったお世辞は立て板に水を流すように簡単に口から出てきますよ。

ただし、上司のなかにはあえて叱られ役となる部下を決めている人もいます。この場合は期待を込めている場合がありますので、上司の真意をくむことは大切です。

上司の落とし方4　ゲタをはかせる

議員秘書の世界では「ゲタをはかせる」という言葉が普通に使われています。ゲタは「名誉」や「利益」「手柄」などを意味します。

つまり議員秘書が「先生（国会議員）にゲタをはかせる」という場合、秘書がおぜん立てをして、手柄を先生が持っていくことを指します。

これがもし先生ではなく、自分でゲタをはこうものなら、その議員秘書はクビになってしまうかもしれません。この世界では、先生より秘書が目立ってはいけないのです。

この「ゲタをはかせる」という行為、実は**一般のビジネス社会でも大きな実利を生み出します。**

たとえば、営業部隊の場合。自分が必死になって数ヶ月かけて営業をおこない、あと一押しで商談が成立する場面になったとします。ここで「よし、一気に決めちゃえ」と自分ひとりで行動してしまってはいけません。先ほどの自分でゲタをはいてしまう秘書と同じくらい、イケていない行為です。

議員秘書同様、できるビジネスマンなら、ここで上司の出馬を仰ぐのです。そして商談が成立したら「部長のおかげでこの商談が成立しました。本当にありがとうございます」と、上司にゲタをはかせるのです。

ええ、それじゃあ自分の成績がいつまでたっても上がらず、結局ノルマ達成できなくなってしまうよ〜、という人もいるかもしれません。

安心してください。**ゲタをはかされた上司は、だれのおかげでそのゲタをはけたのか、よく覚えているものです。**

はっきりいって、上司になる人物はその会社では優秀です。役職が上にいけばいくほど、その優秀度は高くなっていきます。その優秀なビジネスマンが自分にゲタをはかせてくれた人物を見誤ることはあまりありません。もし、見誤るようだったら、その会社自体が危ない性質を持っているかもしれません。

それでも心配な人は、ノルマ達成が難しくなった時点で、ゲタをはかせた上司のところに行って、こんなことをいうといいでしょう。

上司の落とし方４原則

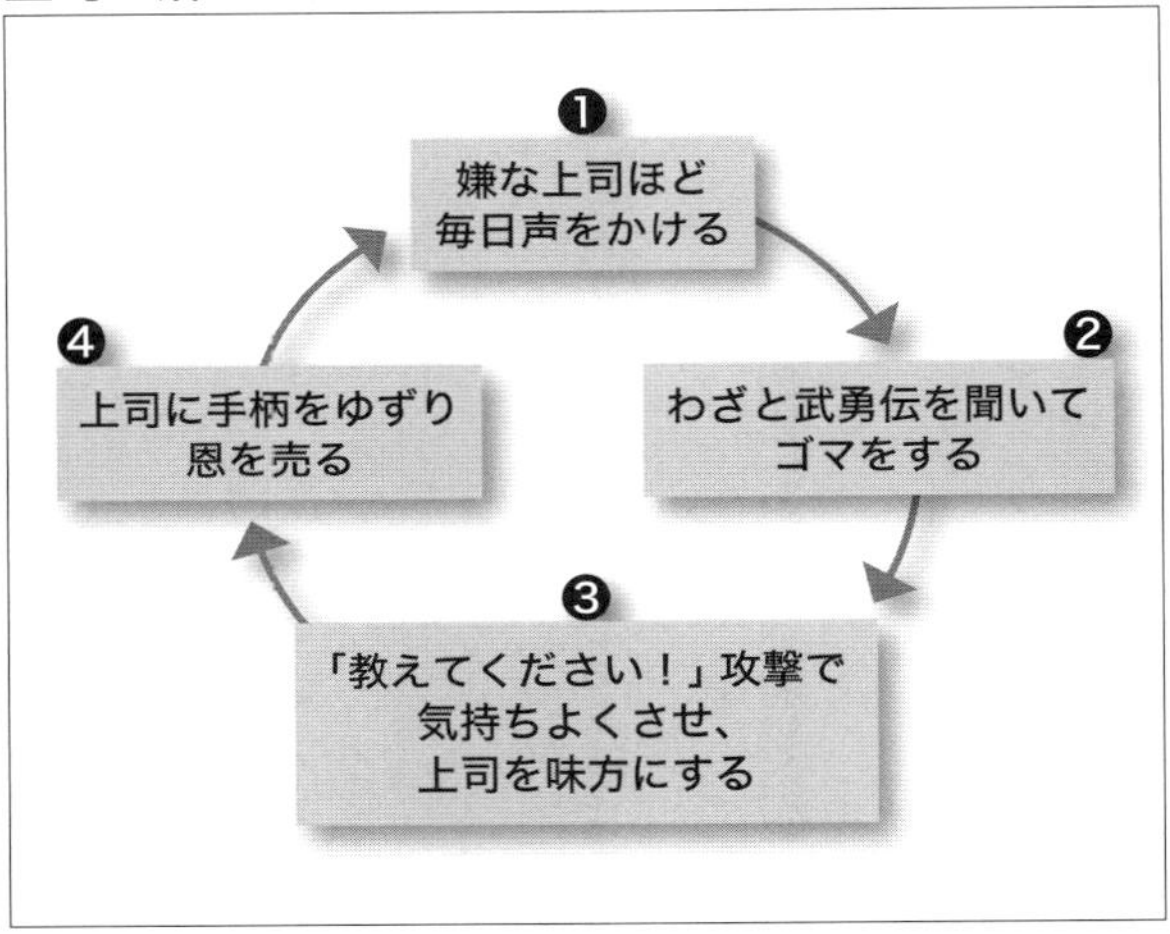
❶
嫌な上司ほど
毎日声をかける
❷
わざと武勇伝を聞いて
ゴマをする
❸
「教えてください！」攻撃で
気持ちよくさせ、
上司を味方にする
❹
上司に手柄をゆずり
恩を売る

「すみません、部長。今月のノルマですが、僕、このまま行くとやばいですよね？」

「うん、ああ、お前の功績はわかっているから任せとけ」


きっと、こんな感じの会話になるでしょう。そして、何が起こるかといえば、ノルマが変わってしまうのです。

「尾藤君は社長肝いりのプロジェクトに参加してもらうことになった。悪いが開いた穴はみんなで埋めてくれ。よろしく頼むよ」

上司は部下のノルマを変えることができます。**自分にとって有用な部下は、ノルマを変えてでも守るものなのです。**だから、みなさんは安心して、積極的に上司にゲタをはかせてください。たとえその結果「あいつは腰ぎんちゃくだ！」などと陰口をたたかれても、腰ぎんちゃくになれないほうが悪いのです。気にしてはいけません。

阿吽の呼吸、マスター法

突然ですがみなさん、こんな小料理屋にいきたいですか？

店「いらっしゃいませ。本日は何を召し上がられますか？」
客「適当によろしく」
店「魚系がよろしいですか、それとも肉系がよろしいですか？」
客「ん？　じゃあ、魚で……」

店「刺身がいいですか？　それとも煮物にしますか？　あ、焼きですか？」
客「任せるよ、適当にやって」
店「それでは困ります。どれか選んでください」
客「じゃ焼きで頼むよ……」
店「焼き方はどうしますか？」

……、私なら二度と暖簾をくぐらない料理屋です。適当でいいといっているのに、具体的な指示を求めてくる料理屋では、くつろげるものもくつろげません。

上司との会話でも同じことがいえるのです。

「適当によろしく」といわれたら、上司が期待する「適当」を具現化しなければいけません。ここであれこれ質問していたら、自分の能力が低いといっているようなものなのです。

こういうのを「阿吽《あうん》の呼吸」といいます。

では、この阿吽の呼吸、どうやって身につけたらいいのでしょうか？

残念ながら地道な努力しかありません。基本的に上司の行動に常に注意を払い、考え方のパターンを理解するように努めることが、一番の上達法になります。過去にこんな場面ではこれを望んでいたから、今回も同じようなことを望んでいるだろう、というように、阿吽の呼吸の対象者と過ごした経験の分だけ、実力がアップするのです。

「え～、それじゃ、即効性もないし、面倒だなぁ」と思ったあなた、それは違います。この「阿吽の呼吸が大切」という事実に気づいているか、気づいていないかが、将来的に大きな差を生むのです。いま、本書を読んでこの事実に気づいたあなたは、それだけで一歩成長しています。

経験でしか得られないということは、どれだけ早く気づくか、の差なのです。早く気づいて努力することが、最高の対処法になるのです。

効果的に好印象を残す付け届けの作法

嫌がらせでない限り、プレゼントをもらったら、誰でも悪い気はしません。つまり、相手を懐柔するのにプレゼント、昔風にいうなら「付け届け」は効果抜群なのです。しかし、残念ながら多くのサラリーマンはこの「付け届け」の効果を軽視しがちです。賄賂のような印象があるからでしょうか、それとも昔ながらの風習に見えて時代遅れと思っているからでしょうか、若い世代になればなるほど「付け届けはカッコ悪い」と誤った価値観を持っています。

議員秘書は付け届けのプロです。いまは法律で禁止されてしまいましたが、昔は何かにつけて付け届けを持っていったものです。

デキるビジネスマンの中には、この付け届けの効果に着目し、しっかりと使いこなしている人もいます。ただ、その一方で単にプレゼントを贈っているだけの状態になってしまっている場合もあります。

お中元やお歳暮などで「ビールでいいや」と毎年、同じ贈り物をしていませんか？**付け届けをするときに重要なのは、落としたい相手の先にいる人物を想像すること**です。たとえば部長に気に入られたいなら、部長の先にいる人物、つまり部長の奥様であったり、お子様であったりを喜ばせることを意識するのです。

効果的なプレゼントの選び方

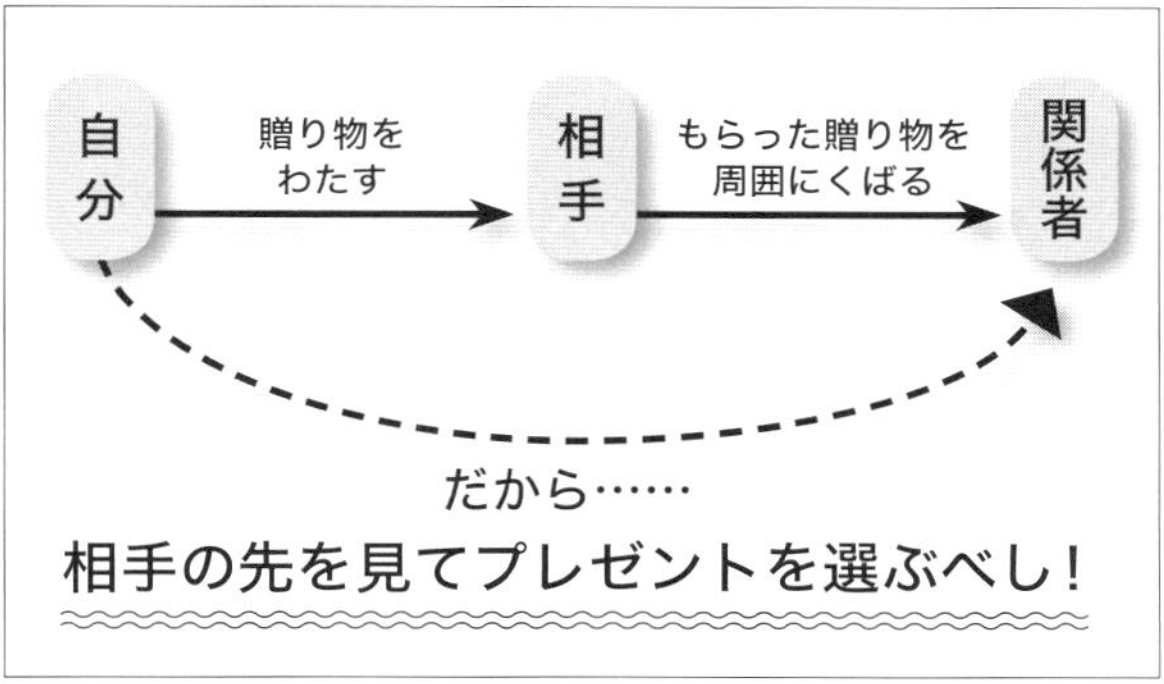
自分
贈り物をわたす
相手
もらった贈り物を周囲にくばる
関係者
だから……
相手の先を見てプレゼントを選ぶべし！

多くのサラリーマンが部長本人しか見ずに贈り物を選んでいるなか、奥様が喜びそうなたとえば「ヘルシーサラダ油」やお子様が喜びそうな「アイスクリームセット」を贈ることで、自分を印象付けることができるのです。

これは上司にかぎった方法ではありません。初訪問の取引先にお土産を持っていく場合も有効なのです。

たとえば一部上場企業の社長に会うことができる場合、銀座あたりの行列ができる女性に人気のスイーツを選んで持っていくべきでしょう。一部上場企業ともなれば、社長には秘書がついています。その秘書は女性である場合が多いものです。つまり、社長に手渡したスイーツはそのまま秘書室のメンバーで消費されることが容易に想像できます。ここで、そのうちの一人でもこの有名スイーツのことを知っていれば、「わざわざ並んで買ってきてくれた」ことが第三者の口からその社長に伝わります。これほど好印象を与える方法はないと思いませんか？

もちろん、その後の商談がうまくいくかどうかは、スイーツひとつで決定づけられるものではありませんが、少なくとも何もしないよりはよい結果を生み出すはずです。プレゼントをするときに重要なことは、贈る相手に影響力のある、その先にいる人物を意識することなのです。

女子会テクニック

使える条件が限られてしまいますが、女子に協力してもらうテクニックもあります。ただ、ここでいう女子とは基本的に自分の近親者を指します。

これは国会議員がよく使う手です。議員が男だった場合、自分の妻に協力してもらい、支援者の「奥様ネットワーク」もしくは「女子会ネットワーク」を作り上げて、強力な支持基盤とするのです。

結婚している男性というのは、良かれ悪しかれ、少なからず妻の影響を受けます。その妻たちは、男性よりも女性同士の共感によって動くことが少なくありません。国会議員に限らず、知事や自治体議員など、いわゆる政治家とよばれる人々の多くは、いかに支援者の伴侶を味方につけるかが、勝負の分かれ道ともいえるのです。

では、具体的にどんな女子会を形成するのでしょうか。

いちばん多いのは「後援会女子部」的な会合です。国会議員の名前がたとえば尾藤としたら、「尾藤会女子会新宿区地区会合」みたいなノリなのです。この会合では、議員の妻が率先して音頭を取り、支援者の奥様方の要望を聞くのです。

他にも、政治資金に関する規則が厳しくなる前は、支援者のライフステージに合わせてお祝い会を企画したりすることもありました。

ちなみにこのテクニックはビジネスマンにも応用できるものなのです。もし、あなたに部下がいたら、部下の家族ごとホームパーティに招待し、自分の妻と部下の妻を引き合わせておくのです。そして、何かにつけて妻から部下の妻へフォローの手紙やメールをするようにしておくと、自然と女子会ネットワークは出来上がります。

こうやって奥様ネットワークを築いた部下たちと自分の関係は、なかなか切れるものではありません。

よくマネジメントを解説する書籍で、部下に対するコーチングやモチベーションコントロールを指南しているものがありますが、私にいわせれば非常にまわりくどいやり方です。本当に部下を働かせたり、自分の味方にしたりしようと思えば、その家族を自分の味方にすることを考えたほうが100倍は大きな効果を発揮します。

「我々はファミリー」

ここまで意識づけできれば、これほど強力な後援会はありません。

有力者を味方に引き込むテクニック

ドロをかぶっても、自分を支えてくれる有力者がいるかいないかは、ドロかぶりにとって大きな差を生みます。

当たり前ですが、自分の後ろ盾になってくれる有力者がいれば、多少のドロには抵抗感なく突っ込んでいけるものです。

では、その有力者をどうやって味方にすればいいのでしょうか。

たとえば、有力者とお酒をともにする機会ができたとしましょう。こんな千載一遇のチャンスはなかなかありません。きっとあなたは必死になって親しくなろうとするでしょう。

しかし、いくらあなたが「自分のメリット」を考えてアプローチしても、有力者にはなかなか響かないものです。

有力者を味方にするなら、「相手のメリット」を最初に考えなければいけません。

有力者にとって自分と付き合うことにどんなメリットがあるのか、これをいかに提示できるかがポイントになります。

では、どうやって自分のメリットを提示するのか。それは有力者が欲しいと思っているけれども、手に入れられていないものを、自分が提示できると示すことです。

わかりやすく政治の世界で解説しましょう。

議員秘書は仕事柄、芸能系の人脈があることが多いものです。もし先生の地元が地方で、口説きたい相手が地元べったりの有力者だった場合、芸能系の人脈を誇示して口説くこともあります。

たとえばその有力者がたまたま東京に出てきたときに会食をセッティングしたとしましょう。その会食場所にあらかじめ芸能事務所を通してモデルのたまごを送り込んでおくのです。そして自分と有力者が会話しているときに、自分に声をかけてくるよう指示しておきます。

有力者を接待している最中、さも偶然のようにモデルが声をかけてきたら、「おお、久しぶりだね。実はこちらの方、○○地方のとても偉い方なんだ。ちょっと挨拶して、今後ご指導いただきなさい」

と、上から目線でモデルに対して指示し、有力者の方に挨拶させます。

そうすると有力者は「おお、尾藤さんは芸能系にも顔がきくんだ、なかなかやるな」という印象を抱くとともに、「ご指導いただきなさい」と自尊心をくすぐられている状態になります。

ただ、これは極端な例です。ここまでやらなくても、**要は第三者を通して、自分の価値をアピールできればいいのです。**部下であったり、知り合いであったり、場合によっては親戚だっていいのです。とにかく第三者からあなたが尊敬されている姿を見せれば、相手はあなたに一目置かざるをえないですし、その第三者の前で相手をほめれば、絶対に悪い印象にはなりません。

社外に自分の味方を増やす方法

私の知り合いの議員秘書はメールアドレスや携帯電話の番号を名刺に記載していません。その代わり名刺交換のとき、こんなテクニックを使います。

「名刺には事務所の電話番号だけ書いてありますが、事務所電話だと連絡がつかないこともあるかと思いますので、メールアドレスを書いておきますね」

そういって、その場で渡したばかりの名刺にメールアドレスを書き込むのです。

このような対応をとられると、相手からしたら「自分だけ特別にメールアドレスを教えてもらった」というある種の得意感を覚えるものです。

もちろんメールアドレスだけでなく、携帯電話の番号を教えるケースもあります。ちょっと余談になるかもしれませんが、キャリアの長い議員秘書ほど、独特の電話番号を持っていることが多いです。「１０００（とうせん・当選）」「１１９２（いいくに）」という政治家ならではの語呂合わせや、議員の誕生日、自分の結婚記念日など、なにかメモリアルな番号にしています。メールアドレスも同じで、自分の妻や子どもの名前にしていたり、ペットの愛称にしていたり、何かしら特徴的で話題性のあるものにしています。

こうすることで名刺交換をしたときに、携帯電話番号やメールアドレスを肴にして話の輪を広げていくのです。

ある種、国会議員のような人気商売関係者にとっては常套手段ですが、効果は「わりと」あります。

ちなみに、なぜ「わりと」という中途半端な表現を使ったかといいますと、このテクニックを使って許されるケースと許されないケースがあるからです。つまり、相手に不快感を与えてしまう、いわゆる「失敗」パターンもあるのです。

たとえば、自分は若造で、相手がかなり高齢の重鎮だった場合、このテクニックを使っては逆に「失礼なやつだ！」と思われてしまいます。

つまり、**このテクニックを使用するときは、自分と相手の力関係を正しく把握しておく必要がある**のです。そんなに力関係に大きな開きがなかったり、どちらかというと自分有利な状況なら、このテクニックは効果を発揮します。

相手が喜ぶポイントの見極め方

上司にしろ、有力者にしろ、同僚にしろ、取引相手にしろ、**対人関係の基本は相手が喜ぶことをすること**です。では、その相手が喜ぶポイントはどのように見極めればいいのでしょうか。

ある議員秘書のエピソードを紹介しましょう。

かつて大物子役タレントとして活躍し、現在は芸能界を引退して実業の世界で生きているA氏の家でのことでした。A氏が昔を懐かしんで自分が登場していたドラマのVTRを流したところ、その場に来ていた議員秘書が次のようにコメントしたのです。「子どもなのに、こんなに長いセリフを覚えるなんてすごいですね。大変だったでしょう」

特にVTRに対するコメントを求めたわけでもなく、普通に雑談していたときの一言でした。過去にこのVTRを見た人々は「当時はかわいかったね」「テレビに出てたんだ、すごいね」と、うわべの一言コメントで終わるところなのに、その議員秘書は前述のようなコメントを述べたのです。

いわれたA氏はたいそう感動しました。当時はいまみたいにデジタルビデオがあるわけでもなく、アナログのテープを用いた、ある意味、失敗するたびに余計なテープ代がかかる、ミスが損害につながるなかでの撮影だったのです。それにいまほど編集が容易な時代でもないため、必然的に長セリフが多くなりがちでした。A氏も、この長セリフを覚えることが一番苦労した点だったといいます。

議員秘書はＶＴＲを一目見て、Ａ氏が一番苦労した場所を言い当て、そこに賛辞を贈ったのです。これほどＡ氏を感動させる一言はありません。

相手が喜ぶポイントというものは、基本的に相手が苦労して何かをしたところです。もしくは、相手が本当に伝えたいポイントでもあるのです。

これを見抜くには「どこが苦労したかな」「何をこの人は伝えたいのかな」と、相手の立場にたって考える訓練を積むしかありません。これこそいわゆる熟練の技、経験がものをいう世界でもあります。だからこそ、普段から相手の立場にたって物事を考える、いわば客観性を身につけるよう、努力をしておくことが大切なのです。

目上の人物に気持ち良く話をさせる質問術

目上の人物と対峙すると、何を話していいかわからないという人はいませんか。

たとえば大手企業の社長や役員クラスと会ったとき、会話を弾ませようとしていった言葉が裏目に出たり、何も話せず気まずい雰囲気が漂ったりして、なかなか会話が弾まないという経験のある人に向けたテクニックを紹介しておきましょう。

会話の端緒として次のようなものはNGです。


「経営ビジョンとミッションは何ですか？」

「会社をどうしたいと思っているのですか？」

「10年後のあるべき姿をどのように考えていらっしゃいますか？」


ある意味、定番の質問です。相手は何十回とこのような質問に答えてきています。

「それはもう何度もメディアを通して話しているのだが、君はテレビをまったく見ないタイプなのかね？」

そんな嫌味をいわれるかもしれません。課長クラスの相手ならまだしも、役員以上を相手にするとき、**調べればわかる一般的な質問は、なるべく避けたほうがいい**でしょう。

では、どのような質問がいいのか。議員秘書はこんな質問を使います。

「社長！　今日のおしゃれのポイントは何ですか？」

「服を選ぶときにはどのようなことに気を遣われているのですか？」

当たり障りのない日常の話題を出します。おしゃれのポイントなんて、そうそうメディアに登場するものでもありませんから、質問されたほうも既視感はないはずです。

「もう歳なので、少しでも若く見えるように明るい配色にするように心がけているよ」

社長はこう答えるかもしれません。

そうするとさらに会話の糸口が見えてきます。できる議員秘書なら、

「え？　失礼ですが社長はおいくつなんですか？　まったくお歳には見えないのですが？」

などといって、さらに話題を広げていきます。

話題を広げるコツの基本は「質問」なのです。常に自分が質問する側に立ち、相手

をしゃべらせ続けることで、会話はよどみなく進みます。

自分が話す側だと、話題が尽きたらそれっきりになってしまいますし、相手に興味のない話を延々としてしまい、悪い印象を与えるかもしれません。

しかし、質問であれば、話すのは相手です。自分の興味のあることを話題にし、悪い気もしないでしょう。上位役職者ほど、話好きなものです。

もし、会話が途切れそうになったら、また別の質問をすればいいのです。

いくつか例示しておきますので、みなさん使ってみてください。

「その腕時計、とてもステキですね」

「仕立ての良いスーツですね。どちらでお求めになられたんですか」

「普段お休みはどのように過ごしていらっしゃるんですか？」

「ゴルフですか。どれくらいのハンディですか？」

「とても素敵な名前ですね。なにか意味があるのですか？」

もしうまい話題がみつからない場合は、

「ハハハ～参りましたね。沈黙してしまいましたね！」

といってしまうことです。

沈黙して焦る姿を見せるより、好感が持てるはずですし、笑いもとれるはずです。

社交辞令を現実にする

議員秘書は毎日たくさんの人物と出会います。そのような中で、議員の味方になってくれる強い人間関係を築いていかなければいけません。

「今度、一杯やりましょう」

これはよく耳にする社交辞令です。たいていの場合、言葉だけで本当に飲みにいくケースは少ないものです。しかし、議員秘書はこの言葉を必ず実現してしまいます。

「一杯やりましょう」といわれたら「では、今週の金曜日あたりいかがですか？」と具体的なスケジュールをその場で決めてしまいます。

押しが強いといわれればそれまでですが、**半ば強引であったとしても、食事やお酒をともにすることで、よりよい人間関係を築いていきます。**ネクタイを締めた肩肘張るオフィシャルな場所では相手の性格や思考回路はわからないものです。しかし、多少くだけたプライベートな席では、それらが手に取るようにわかります。

議員秘書にとって、自分のボスの支持者になってくれそうな人物は、自分の生死を決める重要な人物といっても過言ではありません。

だからこそ、相手が社交辞令でも「今度一杯やりましょう」といったら、「これぞチャンス！」とばかりに、本当に一杯やる席を持つのです。

ちなみにかつての議員秘書はこうやって最初に食事やお酒の席を設けることになったとき、その方の奥様やお子様への手土産を用意していました。ただ、現在、このような行為は法律で禁止されています。議員秘書ならではの気の遣い方ですが、政治に関係のない一般的なビジネスマンの方々なら、こういったある種の付け届けは大きな効果を発揮しますので、法令違反にならない限りやってみてもいいのではないでしょうか。

ゴマすりを極める

ここまで「自分の味方を増やすテクニック」について解説してきましたが、「ええ、ここまでゴマするのかよ！」と文句のひとつもいってしまった読者はいませんでしょうか。そうです、議員秘書はゴマすりのプロでもあるのです。

そんなゴマすりマスターの議員秘書経験のある私ですが、ぜったいにこの人にはかなわないという人もいました。その人のやること、なすこと、わかりやすすぎるくらい「ゴマすり」なのです。ゴマすりもあそこまで極めれば、嫌味にも何にもなりません。むしろ尊敬に値します。

仮にその人をG氏としましょう。ゴマすりの「G」です。そのG氏はどちらかといえば、カッコ悪い容姿でした。

「いや〜、社長、そのネクタイ、とてもすばらしいセンスでいらっしゃいますね」

ネクタイをほめるのはゴマすりの代名詞のようなものですが、そのG氏は臆面もなく堂々とゴマすりの王道をいきます。

「社長、いまのお言葉、すばらしいですね。大変恐れ入りますが、今のお言葉を書にしたためていただくことはできませんでしょうか？」そういって、さっと懐から毛筆ペンを出し、自分の手帳の一番前のページを差し出します。

「ええ、こんなところに書いちゃっていいのかね。大事な手帳でしょ？」

「いいんです。社長のお言葉、本当にすばらしいものでしたので、ぜひ、お願いします。むしろ色紙を用意しておらず、申し訳ございません」

G氏のテクニックは本当に聞いているこちらの背中がムズムズしてくるようなゴマすり術でした。

他にも議員秘書の中には「先生のお使いになられているボールペンを頂戴することはできませんでしょうか？」という強者もいました。名刺入れや財布をもらう者もいます。

とにかく**「相手を尊敬している」という態度を示し、あれやこれやのテクニックを使ってゴマすりまくるのです。**

ゴマすりも極めれば、立派なテクニックです。

【2章のまとめ】

- 嫌な上司ほど毎日話しかけろ
- わざと上司の武勇伝を聞け
- 「教えてください!」と直球勝負でゴマをすれ
- 手柄はすべて上司に譲れ
- 空気を読んで、上司の要望に応えろ
- 付け届けは相手の背後にいる人物を見よ
- 女子会ネットワークはバカにならない
- 対人関係の基本は「相手が喜ぶ」ことを実行すること
- ゴマすりも極めれば立派な武器になる

第3章

いざ、参らん
ドロかぶりの基本テクニック

ウソの使い方

「ウソも方便」という言葉があるように、時には「ウソ」をつかなければいけない場面もあります。多くの議員秘書は「ウソ」に関して次のような基準を持っています。

○相手をほめるウソ
×相手に損をさせるウソ

私がセミナーをやっているとき、時々、答えに窮する鋭い質問を受けることがあります。それはするどいというより、嫌味な質問と言い換えてもいいかもしれません。こちらが窮することをわかった上で、意図的に質問してくるケースがあるのです。

このようなとき、私はこんなことをいいます。

「いまの質問、すばらしいです。先日、○○で有名なS社の役員会に出席したのですが、そのとき企画担当役員の方から同じ質問をいただきました。かなりするどい質問ですので、いますぐ手短に返答することはできません。のちほどでよろしいでしょうか」

S社の企画担当役員の話はウソです。しかし、これをいわれた質問者は悪い気はしないでしょう。「そうか、オレの視点はS社の役員と同じくらいするどいんだ」と、自分の見識に自信を持ちます。そうすると「講師を困らせてやれ！」というような悪意はどこかに消え、「この講師は自分をほめてくれる」という潜在意識を植えつけることができます。

人間、ほめてくれる相手には攻撃しづらいものです。あえて相手をほめるウソをつくことによって、自分にドロが降りかかってくるのを避けるのです。

逆に議員秘書が絶対につかないのは「相手に損をさせるウソ」です。

わかりやすいのは「投資」などお金に関するウソです。政治家に近づいてくる人々のなかにはインサイダー的な情報を聞き出そうとする悪意を持った人物もいます。そのような人物にいくら悪意を持っているからといって「〇〇社からリコールの届け出があったらしいぞ」というようなウソをついてはいけません。

ウソがばれたとき、相手は損をしてしまいます。相手に「実害」が生まれてしまいますので、その恨みの根っこはとても深いものになります。いずれ自分たちに手痛いしっぺ返しがくることでしょう。

他にも「相手を貶《おとし》めるウソ」や「他人をバカにするウソ」、それに「自分を誇示するウソ」もついてはいけません。相手や他人だけでなく、自分にウソをついてまで大きく見せることも、相手に実害をおよぼす可能性が高くなるのです。

私は「ウソ」自体は決して悪いものだとは考えていません。重要なことは、相手を喜ばせるために「ウソ」をつかっているかどうかなのです。

怒っている人のなだめ方

クレーム処理というドロかぶりのパターンもあります。怒っている人にはどう対処するのがいいのでしょうか。

いちばんいいのは「近づかない」ことです。

人間は長時間怒り続けられない

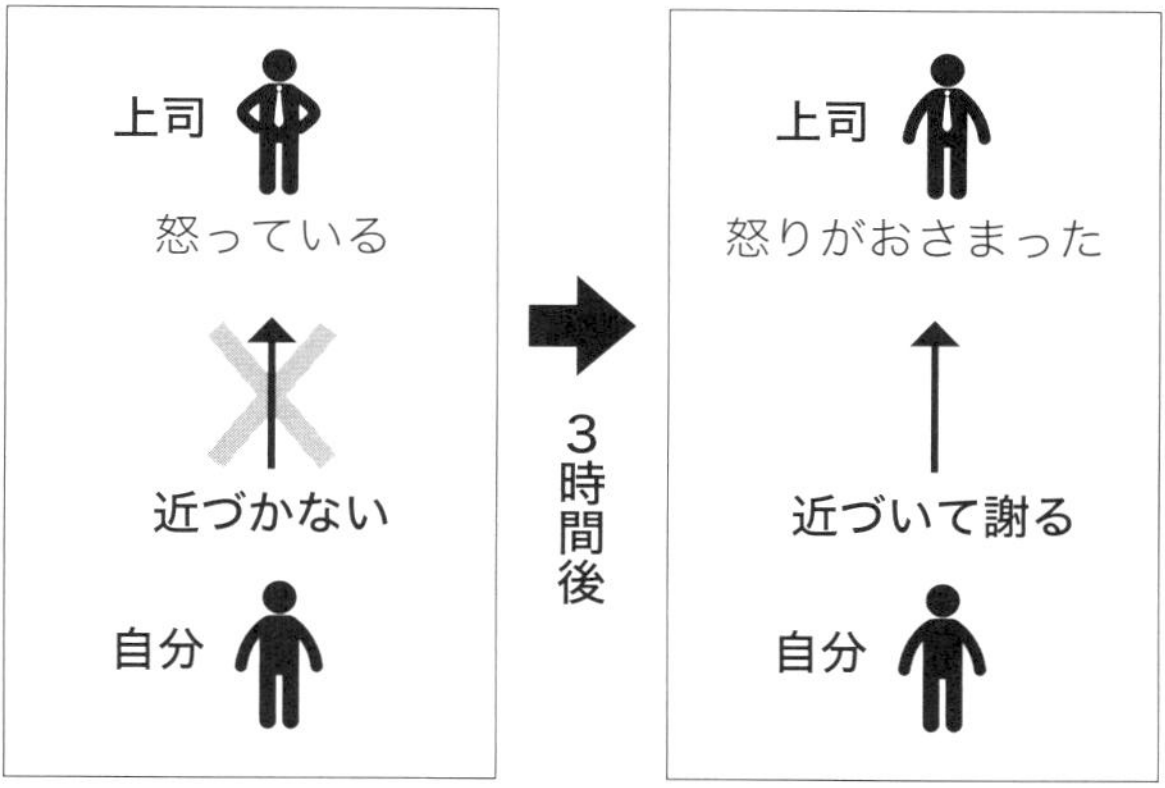

議員秘書時代、担当していた先生の機嫌が明らかに悪く、何かミスをしたらすぐに怒り出すことが容易に推測できる日がありました。そのとき、それを察した先輩の議員秘書が「尾藤くん、オレちょっと出てくるから、留守番よろしく」といって、いきなり事務所を出ていったことがありました。

当時、私は20代前半のいわゆる小僧の秘書でした。いくら先生の機嫌が悪くても、若い私に対して当たり散らすほど、人間ができていないわけではありません。

しかし、先輩議員秘書はもう何年も先生と寄り添ってきた仲です。先生もその先輩になら当たり散らすことができるのです。

それを察した先輩秘書は事前に「逃げる」という手段に出たのです。

案の定「おい、○○はいないのか？」とトゲのある声で先生が問いかけてきても、「すみません。先ほど何か用事があるらしく外出しました」と答えると、先生も「そうか」といって、機嫌が悪いながらも自室に帰っていきました。

ここで重要なことは**「人は何時間も怒り続けられない」**ということです。いくら怒っていても2時間もたてば、いくぶん冷静になっているものです。

その先輩も3時間くらいで戻ってきたのですが、そのときには先生の機嫌もやわらいでいました。ただ、その先輩がすごいのは、

「先生、すみません。尾藤から聞きました。私が不在中、何かご用事があったそうですね。どうしてもはずせない支援者の方との面談がありまして外出しておりました。申し訳ございません」

と、先生が文句をいう前に自分から謝りにいったことです。**出鼻をくじかれると、本来、怒り爆発の状態だったとしても、矛をおさめざるをえない**のが人の情というものです。

とはいえ、本当に怒っている人を目の前にしてしまったときは、どうすればいいのでしょうか。

ひたすら謝り続けるしかありません。少しでも反論しようものなら、相手の怒りの火に油を注ぐだけです。どんなことをいわれても、その場では反論せず、相手の怒りが発散されるのを待つしか対処法はありません。

だからこそ、怒っている人にはできるかぎり近づかないことが、最善の対処法なのです。

正論では悪くないのに「不祥事」扱いされたときの対処法

これは議員秘書というよりも、政治家のテクニックに近いものです。ご存じの通り、選挙の洗礼がある政治家は、不用意な発言がもとで政治生命が危うくなるケースもあります。いくら自分のいっていることが正論でも、有権者が納得しなければおさまりがつかなくなるのです。

たとえば、ある企業で不祥事や事故があった際、社長や役員がその事実を把握しながら旅行やゴルフに出かけていたなどというケースはよくあります。

「これは慰労の一環ですから、マスコミに責められるいわれはないし、詳細について説明もいたしません」

「ゴルフは半年前から決まっていたことで、健康管理を目的にやっていますから、事故対応とは関係ないでしょ」

このような発言によって火に油を注ぐことは少なくありません。

慰労の一環や、ゴルフが半年前から決まっていたことが事実であれば、たしかにその意見は正論かもしれません。しかし、聞いているほうには居直りとも取れる印象を与えてしまいます。

たとえ建前でも「本日、会社のコンプライアンス部門に実態調査の指示を出しました。結果がわかり次第、迅速に報告したいと思います」と答えておけば、居直りに見られるよりは、問題が多少改善したことでしょう。

正論は時と場合によってマイナスイメージを与えてしまうものなのです。

私がある企業の役員をしていたときのことです。

営業部門の部長がメンバーを鼓舞するために、営業成果があがるたびに細かな数値達成の状況や、営業努力をねぎらうメールを全社に送信していました。

ただ、社内には営業以外の部門も存在します。別部門の部長がそのメールに対して「そのような送信は部内に留めてほしい。各々、部門の役割は異なるし、全社メールで自部門の成果を披露するものではない」と反論しました。

その別部門の部長のメールに対してすかさず社長が、「あなたの主張は正論で正しいと思います。ただし表現としては最低です。君は上司が部下をねぎらうための行動をどのように思っているのですか」と指摘しました。

結果的に、別部門の部長が謝罪をしてその場は収まりました。正論が必ずしも正しくないことを表すエピソードです。

なにか**不祥事を糾弾されたとき、たとえ正論では悪くなくても、人の感情に配慮した対処法が必要です。**不祥事と糾弾されている以上、不祥事と考えている人が多いのです。ここで面と向かって「論理的に自分は悪くない」といっても、開き直りにしかとられないのです。もしくは、人の情を解せない人物として悪評がたってしまいます。だからこそ、テクニックとして、どんなに正論では正しくても不祥事として糾弾された場合は、紋切り型的に謝罪を前提とした対応をとることが大切なのです。

使えない部下を押しつけられたときの対処法

ドロかぶりのパターンとして、使えない部下を押しつけられることもあります。昨今、社会保険や光熱費などを加味すると、20代の若手社員でも人件費はひとり1千万円するケースも珍しくありません。

ただでさえそんなに景気の良くないときに、経費ばかりかかって売上が見込めない使えない部下を押しつけられたら、自分の課の成績が悪化することは避けられません。

これは役職者の場合、よくあるドロかぶりのケースかもしれません。

ところで、何度もいいますが、ドロかぶりはチャンスです。もし、この出来の悪い社員を更生させ、売上を伸ばすことができたら、あなたは「人を育てるのがうまい」という評価を得られます。

では、具体的にどうやって出来の悪い部下を育てたらいいのでしょうか。

使えない部下の主なパターンとしては以下のようなものがあります。

- **一生懸命やっているが、努力の方向性が間違っていて、結果が出せない部下**
- **プライドが高く、同僚とうまくやっていけない部下**
- **努力が嫌いで、働きもしないが、報酬・評価には敏感な部下**

「一生懸命やっているが、努力の方向性が間違っていて、結果が出せない部下」の対処法は簡単です。**正しい努力の在り方を見せてあげればいいだけ**です。こういったタイプには事細かに指示を出し、成功体験を積ませれば自然と結果はついてきます。

難しいのは残りのふたつです。

「プライドが高く、同僚とうまくやっていけない部下」にうまく対処するには「プライド」がキーワードになります。このタイプの部下は年上のケースが多いかもしれません。なかには自分よりも上の役職者だった人物が何かの理由で降格し、自分の下につくケースもあるでしょう。

私の知っている議員秘書に退職後、大手居酒屋チェーンで修業を積み、その後独立して数店舗の居酒屋のオーナーになった人物がいます。この人物のお店に有名料亭で修業した経験のある板前が入社したそうです。彼によると不況の影響で、こういったケースは少なくないそうです。

しかし、その人物のお店には社員は数名しかいませんし、ほとんどアルバイトが切り盛りしている状況でした。そのアルバイトが主に有名料亭経験のある板前に指示を出すのですから、いろいろと軋轢《あつれき》も生じます。

さて、彼はこのプライドの高い板前をどうやって動かしたのでしょうか。

「○○さんがいないとこの店はダメなんです」

「料亭でも居酒屋でもお客様には変わりありません。お客様に満足していただきたいのです。そのためには○○さんの力が必要なんです。お願いします！」

歯の浮くようなセリフですが、こうやって板前の**プライドをくすぐり、「俺がいなければダメだ」というモチベーションを植えつけた**のです。

これはプライドの高い部下には効果てきめんです。この元議員秘書のオーナーがすごいところは、このセリフをいうとき、顔を紅潮させ、目に涙を浮かべながらいったことでした。もちろん、狙ってこのような演技をしているのです。

さて、もうひとつのタイプ「努力が嫌いで、働きもしないが、報酬・評価には敏感な部下」にはどう接すればいいでしょうか。会社にとってこれほど使えない社員はいませんよね。

端的にいうと、**クビを切ってあげるのもあなたの務め**です。今まで何人もの上司が努力して更生させようとしたあげく、それでも直らずにあなたのもとに来たのなら、それは「クビを切ってもよい」つまり「やめさせろ」という上司のお達しである可能性も高いのです。ただ、昨今の会社を取り巻く社会情勢では、そう簡単に会社都合で

使えない部下への対処法

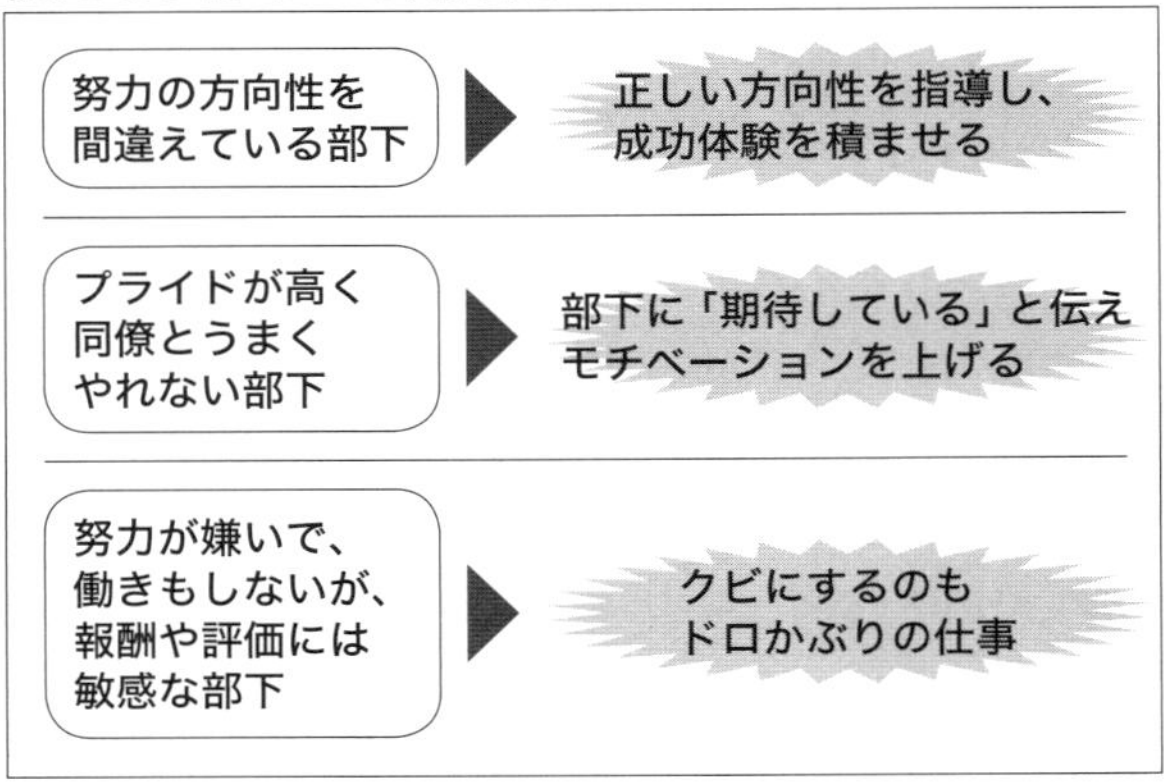

努力の方向性を間違えている部下 ▶	正しい方向性を指導し、成功体験を積ませる
プライドが高く同僚とうまくやれない部下 ▶	部下に「期待している」と伝えモチベーションを上げる
努力が嫌いで、働きもしないが、報酬や評価には敏感な部下 ▶	クビにするのもドロかぶりの仕事

クビにできるものでもありません。大企業の「追い出し部屋」が話題になりましたが、現実的には自主的に辞めてもらおうとする企業もあるのです。

そんなとき、あえて部下から嫌われ役になって、場合によってはパワハラの汚名を着せられるような相打ち覚悟の状況になっても、会社のために使えない部下のクビを切ることは、立派なドロかぶりの一環でもあります。

このとき、重要なのは根回しをしておくことです。自分の上司に使えないようなら辞めるように仕向けても良いか、「暗」に探りを入れておくのです。なぜ「暗」なのかは、会社ぐるみでそんなことをやっていると批判されないためです。**自分がかぶったドロのせいで、上司までドロをかぶるような状況にしてはいけません。**

こういった意味でも、第2章で説明したように、日ごろから上司を味方につけておくのは大切なのです。

ちなみに、上司から「辞めさせる必要はない」といわれたときは、第三者の言葉を使って更生を促す方法がいいでしょう。先述しましたが、その部下の周囲の人物にわざと噂を流したり、第三者視点の噂を直接本人に伝えることで、意外に改善したりするものです。もし、それでもだめだったら、さっさと上司に荷が重いことを報告してしまうのも、ドロかぶりの被害を最小限におさえる立派なテクニックです。

社内の嫌われ役になったときの対処法

コンプライアンス重視は現代の会社の常識となりました。そのため多くの会社に社内お目付け役とでもいうべき部署が作られています。その担当者は何かにつけてルール違反の社員をしかりつける、いわばドロかぶり役ともいえます。

嫌われたくないからといって不正を見逃していては、上司に顔向けができません。

こういった社内での嫌われ役になった場合、どう対処すればいいのでしょうか？

私の知人の元議員秘書Y氏は、秘書退任後、警視庁に入庁しました。それまでの仕事で警視庁に知り合いが多く、そのネットワークをいかしての転職でした。主な仕事は若手警察官の研修トレーナーです。

Y氏はその職務の中で交通違反の取り締まりにも従事しました。みなさん、交通違反の取り締まりって、意外とすんなり違反切符を切れないケースが多いのはご存じでしょうか。ちょっと気の弱い警察官だと、違反者にさんざん難癖をつけられたあげく、違反切符を切るのに数時間かかることもあるのです。

Y氏はこの職務がすんなりいくにはどうしたらいいだろうか、と考えました。そして秘書時代の経験を活かし、ある秘策を編み出したのです。

交通違反者を発見します。違反者が顔を紅潮させて車の窓を開けた瞬間、

「いや〜、やっちゃったねぇ。しょうがないなぁ。そこ、右折禁止なんだよねぇ。み

んな、よくやるんだよ」

と、第一声を発します。満面の笑みをうかべていうそうです。そうすると相手はキョトンとします。そのキョトンとしている間に話を進めてしまうのです。

多くの警察官は上から目線で事務的に交通違反を処理しようとするから、相手をカチンとさせてしまい、トラブルになってしまいます。Y氏のように、相手の意表を突く形でいったん緊張感をといてしまえば、違反者はおどろくほど素直になるのです。

つまり、取り締まりする役割の人物から声をかけられて緊張している相手にかける第一声は、事務的なものは避け、笑顔で「やっちゃったね」というような、相手の緊張をときほぐす言葉をかければいいのです。

このような対応は相手に好感を与えるものでもあります。こうやってドロかぶり役だった自分のファンを増やしていけば、ドロをかぶったはずなのに、自分の立場がよくなることにつながります。

好印象を与える責任の取り方

ドロは責任です。この責任を潔くとることができれば、ドロをかぶせた人物やそれを見ていた周囲の傍観者たちに好印象を与えることができます。

ではこの「潔さ」とはなんでしょうか？

身近な話題で「時間」を例にお話ししましょう。

一般のサラリーマンであれば、電車が遅れたり渋滞だったりして商談に遅刻したとき、「電車が遅れまして」「道が混んでいまして」と、遅れた原因を他責にしてしまいます。自分は悪くない、他が悪いんだ、というメッセージを相手に送るのです。

一方、ドロかぶりが上手な人は同様のケースで商談に遅れた場合、「遅れて大変申し訳ございません。心からお詫び申し上げます」と、一切の言い訳をしません。

つまり、潔さとは第1章でも説明した「言い訳をしない」という態度につながるのです。

さらに、**重要なポイントは、自分のミスで相手に迷惑をかけた場合、その後どうす**

るかの選択権を相手に与えることです。

たとえば電車が遅れていて遅刻が決定的になった場合、その時点で取引先に連絡をし、「申し訳ございません。遅れてしまいそうですが、どうしたらよいでしょうか？」と判断を相手にゆだねます。もし、遅れてもいいから来い、といわれればそれでいいですし、先方のスケジュールが厳しかった場合は、その場で再アポイントをとってもいいでしょう。

重要なことは、**自分で勝手にミスを正当化しないこと**です。

それともうひとつ、潔さを演出するポイントがあります。それはドロかぶりの見返りをあからさまに求めないことです。「ドロをかぶってやったんだから、自分に有益なことをして恩返ししてくれるのが当然だろう」などと思ってはいけません。もちろん、ドロをかぶるのは恩を売るためでもありますが、かといってかけた恩に必ず報いてもらおうとは思ってはいけないのです。恩を売っても仇で返されることはよくあります。それも承知の上で、ドロをかぶるようにすれば、仇で返してくる人よりももっと大きな恩で報いてくれる人が現れるのです。

ドロをかぶるときは、自分の責任ですべてをかぶる覚悟がなければいけません。

上司の方針がブレたときの対処法

「社長の方針がすぐにブレる」

「ウチの役員の主張には一貫性がない」

みなさんの周囲にも、こんなグチをいっている人はいませんか？

一般的に上司の発言がブレることは好ましくないとされています。

ところが昨日いったことと違うことをいう役職者はたくさんいます。

リーダーがブレてはいけない理由は、リーダーが船頭で「旗を振る役割」だからです。自分たちが進むのはこっちだと伝わるようにしなければいけません。ところが、進む方向性が頻繁に変わってしまったら、部下はわからなくなって不安を感じてしまいます。だからこそ「上司はブレてはいけない」ということが多くのビジネス書や、研修でも取り沙汰されているのです。

この定説、果たして真実なのでしょうか。

私は、単純に理解力の差だと考えています。

政治情勢によって国会議員の方針が頻繁に変わることもあります。

議員秘書の世界では、先生が昨日までAをやれといっていたのに、翌日にはBになったり、Cになったりすることは日常茶飯事です。

その様子をみて、「ウチの先生は方針がすぐにブレる」「ウチの先生の主張には一貫性がない」なんていっていたら、議員秘書の仕事は成り立ちません。

たしかに上に立つ者が、一貫した主義主張を持つことは大切かもしれません。しかし、**置かれた環境が変化すれば、考えが変わることは当たり前**です。

ドロをかぶる部下に求められることは、上の方針が頻繁に変わったとしても、それをやり遂げることなのです。上に対して文句をいったところで何も変わりません。Aが B に変更されたとしても、B をやらなければいけないのです。

このように**上司の意見がころころ変わるのが当たり前だと思えば、いくらでも対処法はある**のです。

優秀な議員秘書なら、最初からAだけでなく、BとCの可能性も予測しておき、どれになっても大丈夫なように対応します。

ひとつのことをいわれた場合、3つの答えを準備するのです。この答えの方向性は業種によって異なりますが、以下のような方向性で考えておくと、ある程度のブレには対応できるでしょう。

●上司にいわれた王道の仕事
●上司にいわれた王道の仕事のちょっと脇道バージョン
●上司にいわれた王道の仕事とは正反対のバージョン

ちなみに、上司は実際には方針がブレていたとしても、そのようには思っていないものです。政治家を見ていれば一目瞭然です。

実際には発言がブレまくっているのに、方針として打ち出していることは終始一貫していると主張するはずです。

部下はこのようなときこそ、上司の真意を推測しながら行動することが大切なのです。

ドロかぶりの落としどころ

相手も損しない、自分も損しない。

これが落としどころの基本です。血気盛んな若いビジネスマンほど、対立が生じたら、相手を完膚なきまでに叩きのめそうとしがちですが、それが完全な勝利につながるものではありません。

相手に逃げ道を残さなければ、その反動が自分に向かってくるのです。

ドロかぶりのプロである議員秘書が一番注意していることは「恨まれない」ことです。議員秘書のもとには私怨に近い面倒事も舞い込んできます。それに選挙は戦いですから、同じ選挙区内の政治家は、たとえ同じ政党の人間だとしてもライバルなのです（昔の中選挙区制ではこんなケースがよくありました）。いくら敵だからといって、相手の生きていく道も奪い取るようなマネは、結果的に自分のクビを絞めます。

昔は議員秘書の中にも、この落としどころがわからず、やりすぎてしまって、大変な目にあった人がいます。私も一度、ある容疑で数日事情聴取をされたことがあります。身長の高い私は、良くも悪くも目立ち、対立陣営から陥れられたのだと思います。それにそのころは落としどころの機微もわかっていなかったので、はた目には傍若無人にふるまっているように見えたのでしょう。

もちろん、私にはまったく身に覚えがありません。

「尾藤くん、君が○○していたってタレこみがあったんだよ」

「え？　僕、そんなのまったくやってないんですけど？」

「そうだろうね、やってないだろうね。でも、告発があったから調べないといけないんだよ」

その時の事情聴取のやり取りです。この告発が私を陥れよう、つまり私の先生の選挙活動を妨害するための告発だとわかっていたのです。それくらい昔の政治の世界ではよくある出来事でした。もちろん、この事件をきっかけに私が程度をわきまえる、つまり相手を完膚なきまでに叩きのめすことが決していい結果を生むものではないと思い知ったことはいうまでもありません。

この点、弁護士はつらい職業だな、と私はよく思います。弁護士の仕事は相手を完膚なきまでに叩きのめして、完勝することが求められるケースが非常に多いからです。いくら依頼人のためとはいえ、恨みを非常に買いやすい職業でもあるのです。

では、「相手も損しない、自分も損しない」落としどころとはどういうものでしょうか。これにはいくつかパターンがあります。

よく使われるのが「答えを出さない」という落としどころです。いわゆる先送りですね。マスコミが「先送りはけしからん」と散々喧伝《けんでん》したので、こんなことをいうと、読者のみなさまも「けしからん」というかもしれません。しかし、「答えを出さない」というのは立派な答えなのです。

現実の政治の世界は数学のように明確な答えを出せるものではありません。ましてやテレビゲームのように、一度やってみてダメだったらリセットすればいいや、というものでもありません。「え、なんでダメなの?」と思った方は、ダメだった場合に

ドロかぶりの落としどころ

× 相手を完全に叩きのめす
↓
恨みを買ってしまう

◎
- あえて答えを出さずに先送りする
- 相手を「尊重しています」というメッセージを送る
- 勝負で勝っても、実力は相手が上というスタンスをとる

被害をこうむる人のことを想像してください。その人の人生はリセットできないのです。

他に**「相手を尊重する」ことも有効な手立て**です。何か対立が生じたとしても、それはお互い職務に忠実なうえで生じた対立であり、相手の人格が理由で生じたものではない、というスタンスを見せるのです。

たとえばある仕事上の駆け引きで最後まで争ったAさんがいたとしましょう。ここまで解説してきたドロかぶりのテクニックを使って、四方八方に手を尽くして勝利をおさめたあと、私ならこう相手に声をかけます。

「Aさん、今回はたまたま私の提案が受け入れられましたが、Aさんの実力に感服しまし

た。しかも、あのプレゼンテーションで見せたAさんの動じない受け答えは、本当に私も学びたいところなんです。今度、ぜひ個別レッスンしていただけませんか？」

こうすると、仕事の結果では相手を叩きのめしても、本当の実力では相手が勝ったという状態を演出できます。つまり、相手も損をしない、自分も損をしない状態なのです。

ドロかぶり的クレーム処理鉄板パターン

クレーム処理は代表的なドロかぶりといえます。責任者は何か問題が起きたとき、その矢面に立って、後片付けをしなければいけません。

このクレーム処理の鉄板パターンを知っておけば、これほど心強いことはないでしょう。

では、その鉄板パターンの基本形です。

まず、**クレームをいってくる相手に「自分がイジメているみたい」と思わせる**のがポイントです。

現在、私はよくセミナーで講師に指名されます。そのセミナーの参加者の中には、最初からこちらを困らせてやろうというクレーマー体質の方もいらっしゃいます。これはセミナー講師をやっている限り直面する問題なので、クレーマーのほうが悪いうんぬんの話ではありません。要はセミナー講師がどれだけクレーム処理能力を持っているのかが問題なのです。

私はそんなクレーマーに対してよくこんなふうに応じます。

「尾藤、お前のいっていることはウソっぱち、まったく信用できないとおっしゃるのですね。まことに申し訳ございません」

このように自分を徹底的に貶める謝罪をします。このとき、「まったく信用できない」と大げさに言い切ることが重要です。

「いや、そんなことはない」

相手にこういわせたら勝ちです。「じゃあ、黙っていてください」という感じで話を先に進めます（もちろん、こんな直球の言い方はしませんが）。

少しのクレームでも、大げさに表現してしまえば、相手は「そこまではいっていないのに……」と気おくれするものです。この隙をついてクレームを処理してしまうと、思ったよりもあっけなく、問題を処理できてしまいます。

ちなみに、話を大げさにするのは、クレームの本旨とは関係のないところにしてください。クレームに正面から向き合うのではなく、「自分をそこまで貶めますか、あなたは」と暗にみんなが批判するような方向に、論点をずらしていきます。わかりやすくいうと「信用できない」「ウソ」「うさんくさい」、そういった言葉を駆使して、話を大げさにしてしまうのです。

それに、このようなクレーマー体質の方は、周囲から浮いている場合も多いのです。つまり、徹底的に自分が下手に出ていくことで、周囲の同情を引いてしまえば、白い眼で見られるのはクレーマーのほうなのです。

「先生、こっちだって同じセミナー代金払っているんですから、話を進めてください」

こんな意見が大勢を占めるのです。

イジメを見ていて楽しい人はそうそういません。その心理を利用したクレーム対処法のひとつです。

それから、重要な対処のコツをもうひとつ、お伝えしておきます。**クレーマーに対して、まともに対応してはいけません。**まともに対応するとドツボにはまります。

相手は普通の状態ではないのです。クレームをいってきた時点で特別な人物なのです。特別な人物に、常識的な対応をしては、余計に問題をこじらせてしまいます。

特別な人物には特別な対応を。

たとえそれが相手を孤立させる非常識な対処法だったとしても、相手が通常の人物ではないので、躊躇《ちゅうちょ》する必要はありません。

意外にみなさん忘れがちですが、**クレーム処理をするときに、必ずしも相手と同じ土俵にあがる必要はないのです。**

部下が失敗しかけているときのドロかぶり法

部下が勝手に判断してやったことで、見込みとは違う結果になってしまうことがありますよね。特に若い部下ほど暴走してしまいがちです。

じゃあ、そんな暴走がちな部下はクビを切ってしまえばいいのかというと、そう簡単なものでもありません。こんなタイプの部下ほど、将来が有望だったりするからです。

では、どうやって部下のミスのドロをかぶればいいでしょうか？

ミスには大きく分けてふたつのパターンがあります。「完全に挽回できないミス」と「まだ挽回できるミス」です。

完全に挽回できないミスによってドロが生じた場合、これはおとなしく謝罪なり、引責辞任なりするしかありません。部下が個人情報を漏えいさせたり、会社資金を使いこんでいたり、取引先指定の納期に遅れたり、もう「結果」が出てしまったことは、変に挽回しようとすると、言い訳になってしまいます。

逆に「まだ挽回できるミス」は、自分が率先して取り組みましょう。

議員秘書を辞めた後、私はある大手コンサルタント会社で、部門の統括責任者の職にありました。そんなとき、まだ若い部下のAくんが営業成果で、ある一部上場企業のコンサルタント業務を引き受けてきました。

ただ、私はAくんから報告を聞いて愕然としてしまいました。彼はまだまだ経験が浅いため、業務を受注できただけで舞い上がってしまい、ろくに値段交渉をせず、帰ってきてしまっていたのです。

私はAくんにこういいました。

「よくB社のコンサル業務を受注できたね。がんばったね。ただ、この規模の会社にしては少しコンサル料が低めだね。B社の売上は君の成績としてしっかり考慮しておくから、このあとの値段交渉を含め、一度、全部オレに任せてくれないか。たとえ失敗しても、君の成績には加味しておくよ。責任は全部オレにある」

ポイントは「Aくんをほめる」「B社の成績はAくんのものと伝える」「責任は全部自分がとる」と伝えることです。

もし、値上げ交渉が失敗したときは部長である私の責任になりますが、Aくんには

部下のミスを見極めてカバーしよう

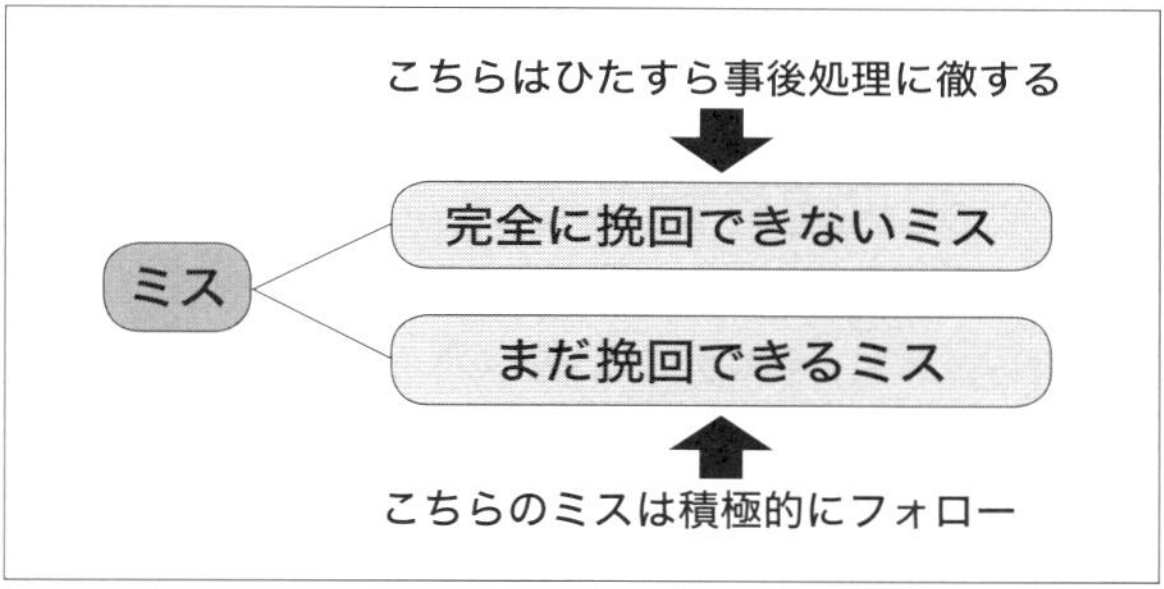

「君の成績」として考えるといっているので、「部長がつぶした！」という批判をある程度抑制できます。それにもし値上げ交渉が成功したら、それもAくんの成績になるのですから、Aくんにリスクはないのです。

この値上げ交渉の結果、B社のコンサル料はAくんが受注してきた額の10倍になりました。結果的に私のチームの売上が伸びたので、私自身も得をしたのです。

ちなみに、どんな交渉をしたかといいますと、以下のような電話を1本かけただけです。

「お世話になります。私、Aの上司の尾藤と申します。このたびは弊社にコンサルタント業務をご依頼いただき、まことにありがとうございます。ただ、私、Aから報告を受けて、念のため、御社に確認させていただきたいことがございまして ご連絡させていただきました。いや～、私としては御社とご縁をいただけてAも喜んでいますし、いいかなとは思うのですが、このたび、御社からご提示いただいたフィー（料金）が月50万円というのは、本当にこちらでよかったのでしょうか？」

「はい、その通りですが、何か問題でも？」

「そうですか、いや、私はいいんです。ただ、御社クラスの他社のご依頼で、このようなご提示をいただいたことは、私もなかなか記憶にございませんで、もしかしたら何かの間違いかも、と思いまして、ご連絡させていただいたのです」

「それは安いということでしょうか？」

「率直に申し上げますと、その通りでございます。ただ、今回はAががんばって行動し、納得したうえでとってきた業務ではありますので、私としてはいいのですが、いささか面食らってしまったのも事実なのです」

「ちょっと、社内でもう一度検討させてください」

このやり取りの結果、月額50万円だったものが500万円にアップしたのです。

まあ、これは極端な例かもしれません。しかし、Aくんが値段交渉をせずに帰ってきたミスに比べれば、グループとしての営業成績的には大きな差を生み出した一例ではあります。

つまり、**同じ部下のミスでも、まだ挽回可能なものは、営業成績を上げる大チャンスなのです。**もし、私がこのとき自ら積極的に動かず、Aくんに再交渉を任せていたとしたら、結果はもっと悪い方向に動いていたかもしれません。

ドロかぶりが下手な上司は、部下に尻拭いをさせがちです。私にいわせると、これがそもそもお門違いなのです。

上司は部下のドロをかぶるために存在するのです。部下が何かドロを生じさせたら、積極的に動いて、チャンスに変えてしまいましょう。

ただし、挽回できないドロまで、すべてを背負う必要はありません。**部下のドロをかぶるときには、自分が動くことでそのミスを挽回できるかどうかを、正しく判断することが肝要**なのです。

【3章のまとめ】

- 相手をほめるウソを使え。傷つけるウソは「悪」でしかない
- 怒っている人には近づくな
- 一度、不祥事扱いされたら、まずは徹底的に謝罪せよ
- 本当に使えない部下を押しつけられたら、お前がクビを切れという「ドロかぶせ」のサイン
- 自分のミスで迷惑をかけた場合は、相手に対処法をゆだねろ
- 上司の方針がブレるのは当たり前。動じるだけ無駄
- 相手を完全に打ちのめしてはいけない。救いを用意せよ
- まだ挽回できる部下のドロは徹底的にかぶってやれ

第4章

破滅しないための
ドロかぶりのリスクマネジメント

最大のリスクはトカゲの尻尾になること

3章まででみなさんはドロかぶりの具体的なテクニックを身につけることができました。ただテクニックだけでは、上手にドロをかぶれるかどうか、まだまだ未知数です。なぜなら、時にはテクニックがまったくきかない場面にも遭遇するからです。

そこで本章では、ドロかぶりのリスクマネジメントについて説明します。リスクをしっかり管理できれば、安心してテクニックを駆使し、ドロをかぶることができます。

さて、ドロかぶりの最大のリスクは何でしょうか。それは「トカゲの尻尾」になることです。責任を一方的に負わされてしまう状況は、切られてさようなら、ですべてが終わってしまいます。

ドロを押しつけられないためにはどうすれば良いのでしょうか。

答えは簡単です。組織にとって必要な人材になることです。

必要な人材であれば尻尾切りをした際に、会社が大きなダメージを受けることにな

ります から、切りづらくなります。

では、どんな人材が組織にとって欠かせないものでしょうか。

わかりやすく表現すると、会社の重要な情報を知る立場の人物です。社長や役員はもちろんですが、管理職、それも部長や本部長などできるだけ高い役職にあればあるほど、トカゲの尻尾にはなりづらいものです。

「そんなの当たり前じゃないか。平社員の立場でかぶらされるから困っているんだ！」という方もいらっしゃるでしょう。

そのときは、**ドロをかぶせてくる人物にとって「必要」な人材となる**ようにしておかなければいけません。

平社員にいきなり社長がドロをかぶせてくるケースはまずありません。たいていのドロは直属の上司から降りかかってくるものです。だったら、その上司にとって必要な人材となっておきましょう。

営業職なら、そのチームで一番の売上を出すことです。自分がいなくなると、チームの予算達成がとてもじゃないけれど実現不可能になる、それくらいの圧倒的な成績

ドロをかぶせるときの上司の考え方

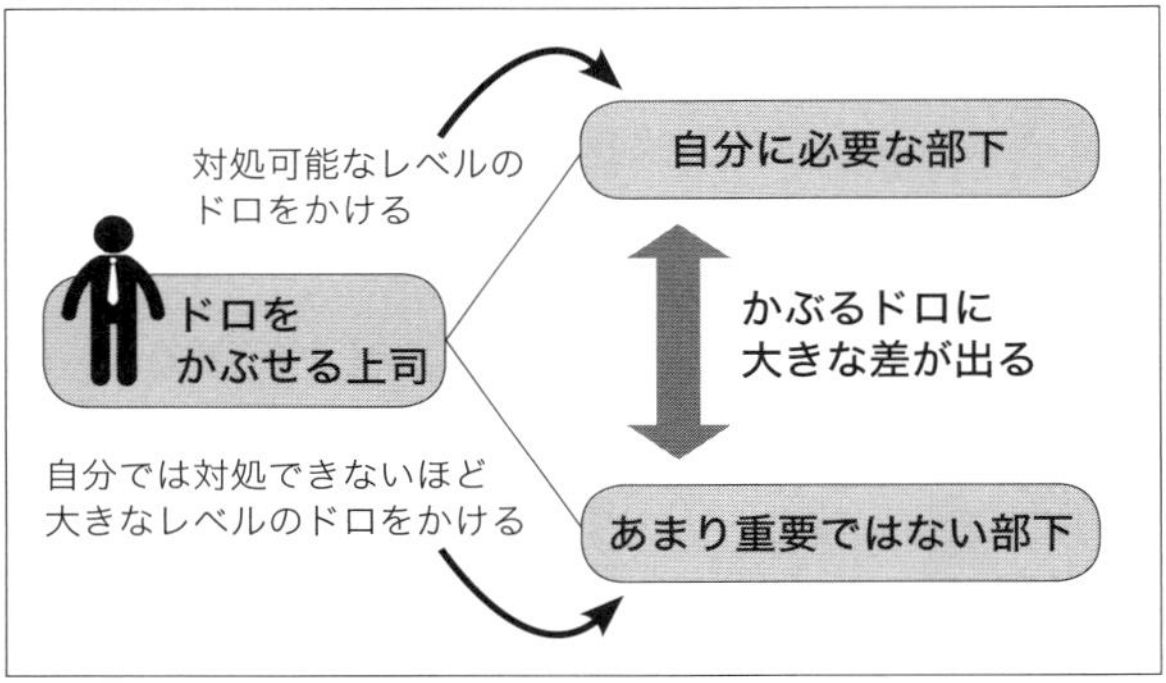

を出しておけば、そうそうトカゲの尻尾にはなりません。

え、自分にはそんな能力がないって？

仕方ありませんね。そんな場合は、個人的な付き合いで濃密な人間関係を築いておくことでしょう。積極的に上司と飲みにいったり、上司の家に家族ぐるみで遊びにいって、上司とその奥さんに自分の家族を見せたりすることで、「感情的に」自分をトカゲの尻尾にしづらい状況にするのです。

ドロをかぶせるほうにも何かしらの罪悪感や、エコ贔屓《ひいき》的な判断があります。上司も人間ですから、完璧に機械的な判断ができる人はまずいません。だからこそ、日ごろから上司と濃密な人間関係を築いておくことは、ドロかぶりのリスクマネジメントとなるのです。

対処しようのないドロのリスクマネジメント

ある仕事に対して上司がOKを出して、最初は肝いりのプロジェクトだったにもかかわらず、いざ失敗すると「あのとき、やめておけといったじゃないか」「オレはそんなの知らないよ」と逃げるタイプの上司はどこにでもいます。

こんな上司は、過去にも同じような責任転嫁をしているはずです。正論で堂々と反論することも悪くはありませんが、その会社に残りたいのであれば、おとなしく引き下がるしかありません。

結局**このタイプのドロかぶりは、事前に回避することが得策**なのです。

では具体的にどうやって回避すればいいのでしょうか。

それは、**直属の上司以外に、自分の味方をつくっておくこと**です。このタイプの上司は責任転嫁の常習犯として、たいていは名前が通っています。だったら、上司と同格かそれよりも上の役職者と密接な関係を築いておき、いざ、このタイプの上司からドロをかぶらされたときは、事情をすべてその役職者に話してしまうのです。そうすると、上位役職者からその上司に何かしらの指導が入ることもありますし、もし、表だって行動がなかったとしても、あなた一人の責任になるケースは少ないでしょう。

たとえ直属の上司があなたの告げ口をとがめてきても、それをまた上位役職者に報告すればいいのです。**上司の上位役職者があなたの味方である限り、あなたはその上司と戦うことができます。**

ただし、このやり方は、とても「疲れる」方法でもあります。一番いいリスクマネジメントは、先述したように、直属の上司と良好な関係を築くことです。

信用できない人物を特定しておく

ドロをかぶせられたとき、周囲の人物が寄ってたかって自分のせいにしてきたら、もうなかなか責任転嫁はできないものです。

普段はそんなに攻撃的でもなく、うまくコミュニケーションが取れていたと思っても、いざ自分が苦境に陥ると手のひらをかえして、敵になってしまう人も、残念ながらこの世界には少なからずいます。

ドロかぶりのリスクマネジメントとして注意しておかなければならないのは、このような「手のひらをかえす」タイプ、つまり信用できない人物を日ごろから特定しておくことです。

このようなタイプは「口が軽い」「他人の批判を平気でする」「うわべだけ取り繕う」といった特徴があります。

では、どうやって見極めたらいいのでしょうか。

簡単な方法のひとつは「批判を振る」ことです。たとえば自分の同僚を見極めたいとき、「部長ってビジネスセンスゼロだよな。あいつの実績ってほとんど運じゃねぇか」と、わざと上司の批判をしてみます。この上司は誰の目から見ても批判されるような人物ではなく、いわゆる普通のタイプを選びましょう。誰が見ても批判するタイプの人では、判断基準になりませんし、誰が見ても褒め称えるタイプの人も同様に変なバイアスがかかってしまい、基準として不適格になってしまいます。

程度にもよりますが、もし相手が過度に話に乗ってきたら、その人はあまり信用度が高いとはいえません。この言動から、少なくとも普通のタイプの人でも、わざと悪くいう性質を持ち合わせていることがわかります。


もうひとつ、議員秘書が使うテクニックを紹介しておきましょう。

キーワードは「無茶ブリ」です。

たとえば、何か自分のメリットを考えて国会議員に近づいてきた業者がいたとしましょう。しかもその担当者は「全身全霊をかけて、先生のために尽くします」なんて大風呂敷を広げています。

このような一見うさんくさい危険人物は、秘書が真贋《しんがん》を見極めて排除しなくてはいけません。それも相手から悪い印象を持たれずにフェードアウトしていただかなくてはいけないのです。

オーソドックスな方法は、第三者を通じて相手の素性や性格をプロファイリングすることです。人間はネガティブな話やゴシップ話が好きなものです。その特性を逆手にとって、相手の目の前で相手が取り入りたい先生のゴシップ話を振ってみます。もし相手がノッてきたら、「信用できない人」になるでしょう。もしくは簡単に信用してはいけない人と判断します。逆に、そのような話に一切のらずに「先生には良いところがたくさんあると思いますよ」というように、そのゴシップ話をスポイルするような発言をしたら、その人は信用できます。

他にも、相手が帰宅した夜を見計らってこんな電話をかけることもあります。

「すみません、夜分に。実は今から先生があなたに会いたいとおっしゃっているんですよ。これから出てこれませんか？」

もちろん、先生はそんなことをいっていません。これは完全に議員秘書のブラフなのです。相手が「いますぐ行きます！」といえば、先生に対する忠誠心が高い人物と判断できますし、もし「もう家にいまして、今からはちょっと」というなら、その担当者はうわべだけを取り繕うタイプと判断できます。

え？　そんなブラフをかけて本当に来てしまったらどうするんだって？

いやいや相手が「行きます！」といった時点で次のようにいうのです。

「あっ、ちょっと待ってください。（受話器を押さえて話しているふりをします。◯△□×……）あー、急遽《きゅうきょ》、別件で公務に関する重要な打ち合わせが入ってしまったようです。ご自宅にいらっしゃるところ大変失礼いたしました。議員のほうもまた改めましてと申しております。夜分遅くに申し訳ございませんでした。これからもよろしくお願いします」

こんな感じで対応すれば、すべて穏便に終わります。

ドロかぶりのリスクマネジメントの一環として、周囲の人物が信頼に値するかどうか、日ごろから注意深く見ておく必要があります。

勝負師の勘を養っておく

ドロかぶりは「勝負」の一環でもあります。ドロをかぶることで誰かに恩を売り、その後、自分に優位な状況に導いていかなければなりません。**ドロかぶりは、もし一歩間違うと、すべてを失ってしまう危険な賭け**でもあります。

そういった意味では、勝負師の勘を養っておくことは、立派なリスクマネジメントになります。

ただ勝負勘を磨く、といっても何をどう磨いたらいいのでしょうか。重要なことは「自信」を持てる何かを用意しておくことなのです。自信を持てば、決断にも迷いませんし、すばらしい行動力を発揮できます。その何かのひとつとして有効なのが「縁起担ぎ」です。

落選してしまえば「ただの人」になってしまう政治家は、ことさら縁起に敏感です。神棚を特注で作り、盛り塩は欠かしません。大切なお客さまがくるときは事前に塩をまいて清め、不愉快な訪問者が帰ったあとは、すぐに手を洗ってやっぱり塩をまきます。さらに初当選のときに使っていたネクタイや車は、勝負モノとしていつまでも大切に保管しておき、いざ、というときに身につけます。

どれも科学的な根拠はありません。しかし「これをすれば大丈夫」というプラス思考を導くルーティンにはなっているのです。

ちなみにベンチャー起業家や証券アナリストなどは、「年収は財布の価格の200倍という縁起を信じて高価な財布を使う」「1万円札は逆さまにして向きを整えて財布に入れる」など、お金に関する縁起担ぎをしている人が多いです。

つまり、縁起担ぎは多くのジャンルのプロが行っているものなのです。あなたも普段から自分が属する分野の縁起担ぎをしておけば、「いざ勝負」となったとき、自信を持ってそれに臨める環境を作ることができるでしょう。

まずは自分だけの神様を作っておいてください。

リスク回避の根回しテクニック

ここまで説明してきたように、ドロをかぶる際には「根回し」の成功の有無が大きなカギを握ります。

では、どのような根回しをすればいいのでしょうか。

まず、根回しの順番です。**基本は直属の上司からするのが筋です。**時々、直属を飛び越えて根回しをする人がいますが、それでは飛び越えられて相談されたほうも、直属の上司も、あまりいい気はしませんので注意してください。根回しが逆効果になることもあります。ただ、直属の上司の問題で根回ししたいときはこの限りではありません。

次に根回しの基準です。どの程度まで自分がやり、どこから上司に判断させるか、と言い換えてもいいでしょう。答えは**「上司に余計なことをさせない」**ことです。

たとえば議員秘書の場合、冠婚葬祭をはじめ、各種団体の推薦や応援などに国会議員本人の名前を掲載することがあります。こういった仕事をする場合、基本的には議員秘書がすべて判断して処理し、議員本人には事後報告する場合が多いです。ただ、その事後報告でも最後の詰めの部分は、議員に判断してもらいます。

何かの組織を推薦する場合、その組織の代表者に前もって電話が通じる時間帯を聞き出しておき、国会議員本人に電話してもらいます。事前にコンセンサスはとってあるので、電話が通じたあとは、代表者と議員の間でスムーズにやり取りがされ、めでたく一件落着となります。議員は推薦するかしないかを最終判断はしていますが、そのおぜん立てはすべて秘書がおこなっているのです。

ちなみに議員秘書は根回しのプロです。どんなに出来の悪いといわれる議員秘書でも、根回しだけはしっかりできます。秘書の存在意義はそこだけにあるといっても過言でないくらい、それだけ重要なスキルなのです。私も新米秘書のころ「先生に何をしたらいいですかと聞くな！」と厳しく教えられました。それもこれもすべては根回しの最重要事項である「先生に余計なことをさせない」ためなのです。

これは一般のビジネスマンの世界でも同じです。上司に面倒事を押しつける根回しは逆効果です。**根回しの基本はすべて自分である程度の道筋をつけ、上司に報告とおうかがいを立てることにあります。**

議員と同じで上司に余計なことをさせてはいけません。

スーパーマンを演じない

ドロかぶりのプロである議員秘書は、スーパーマンを演じません。

「先日、奥さんとディズニーランドに行ったら、どこに車をとめたかわからなくなっちゃってさ、見つけるのに2時間かかったよ」

「娘から誕生日にネクタイもらったんだよ。昨日、トンカツ屋に行ったら、ソースをこぼされてネクタイがびちゃびちゃ。店主が『すみません！』とすっ飛んできたんだけど、急いでたから出てきちゃった。娘にはめちゃくちゃ怒られたよ、ハハハ」

彼らは自分の失敗談を惜しげもなくさらけだします。むしろデキない人間を装います。もちろん、実際の仕事はみんなしっかりやっているのですが、こういった**プライベート面でのお茶目な失敗談を披露することで、親しみやすさをアピールしている**のです。

何かトラブルが起きたとき、最後にモノをいうのは人の情です。なかなか失敗しない完璧なスーパーマンよりも、どこか憎めない失敗をする人物のほうが、人々の同情を引きやすいのです。

リスクマネジメントで考えるなら、あなたは普段からこの「憎めなさ」、言い換えれば「愛嬌」を大切にしなければいけません。

銀色のアタッシュケースを持って、ブランドもののスーツに身を包み、さっそうと肩で風を切って歩くのもいいのですが、あまりに完璧すぎると、孤立を招いてしまいます。ドロをかぶったときにフォローしてくれる味方が誰もいなかった、なんて事態にならないためにも、日ごろから愛嬌のあるコミュニケーションに注力しておきましょう。

会社風土と自分の立場を見極める

一口にドロかぶりといっても、環境によって何をどうかぶるのがベストなのかは大きく変化します。

バリバリ体育会系社風のA社と、官僚的な仕事が求められる社風のB社では、ドロのかぶり方が違います。体育会系A社では多少失敗しても「元気がある社員」として許容されるドロが、官僚風B社は「失敗は失敗」として厳しく処断される可能性があるのです。

ドロをかぶるときには、自分が勤めている会社がどこまでのドロなら許容できる社

風なのかを見極めておかなければいけません。特に人間関係に関する社風は企業風土の根幹に関わることなので要チェックです。

具体的なチェックポイントは以下の3つです。

①自由にモノをいえる社風か

社会人としての礼節はもちろん大切ですが、思ったことを自由にいえる雰囲気も大切です。役職が下の社員や新入社員、中途社員には発言権がなかったり、職位が低いことを理由に意見の受け取られ方が異なったりしていませんか。このような会社では無理やりドロを押しつけられる危険性があるので注意しましょう。

②オンとオフ、時間のメリハリをつけながら働ける社風か

残業が美徳とされて、ダラダラと遅くまで働いていることが評価されたりしていませんか。このような会社では、強制的な飲み会や休日のイベントが多くなりがちです。そのため、必要以上に人間関係に気を遣わなくてはいけません。ドロをかぶってもナ

アナアにされて評価されなかったり、許容されなかったりする可能性もあります。

③若すぎる上司がいないか

実力主義の名のもとに成果を挙げれば高位の役職が与えられる会社があります。ところが役職とマネジメント能力はリンクしていませんから、能力値が低い上司にあたると、部下は大変な苦労をすることになります。そのような状況下では数字が絶対的な価値を持っていますから、ドロをかぶるなどもってのほか。かぶったら最後、あなたの居場所がなくなりかねません。

つまり総合すると、いわゆるブラック企業的な会社では、ドロかぶりが致命傷になりかねない、ということです。

組織は時間を経て成熟していく性質を持っていますので、会社に相応の歴史があり社員の離職率が低い会社は、企業規模にかかわらず良い社風が形成されています。

たとえば、組織全体が問題解決に向かって自発的に動くような状態や、社員がチャレンジ精神旺盛で新しい取り組みに積極的であったり、成果を社員全員で称えるような雰囲気があったりする会社は良い社風を持っています。

社風とは組織の暗黙的なルールやパターンです。これは所属している社員の意識の総意によって形成されていきます。わかりやすくいえば会社の土壌です。社員の意識の総意ですから、他社の人事制度や仕組みを真似して取り入れてもなかなか変化することはありません。土壌が脆弱であれば建物は建ちませんし、植物も育ちません。土壌を耕すには社員の意識が大きく関わってきますから大変難しい作業になるわけです。

まずは**組織における人間関係のあり方、そこに着目してください。**これらを確認すると、たいていの社風は見えてきます。

また、**自分の年齢だからこそかぶるべきドロも存在します。**

20代の若手社員なら許されますが、経験10年を超える30代の社員が同じミスをすると許されません。これと同じように、40代だからこそかぶるべきドロ、50代だからこそかぶるべきドロが存在します。

各年代でかぶるべきドロの基準を以下に示しておきます。

●20代　ドロを恐れない。陰口をいわれるほうになる

がむしゃらになんでもやってみることです。20代でかぶるドロの大きさなんてたかが知れています。小さなことを恐れていてはなにもできません。また20代で積極的にドロをかぶろうとすると「ゴマすり」「腰巾着」といわれることがあります。あなたは、プロのゴマすりや腰巾着にならなくてはいけません。陰口はドンドンいわせておきましょう。**陰口の数が多いほどあなたの将来はひらけます。**

●30代　ドロをかぶってポストをとりにいく

30代になればすでに多くのドロかぶりを経験して社内的にも評価されて、ちょっとしたポストについているかもしれません。そんなあなたは、ドロかぶりの本質が理解

できたころでしょう。まず人生プランを立ててください。**社内でドロをかぶりながらポストをとるのもよし、社外にポストを求めるのもよしです。**すでにあなたの支援者がネットワークにいるかもしれませんから。あなたの人生プランにそって、判断しましょう。

●40代　ドロをかぶって会社に捧げる。ただし過度なストレスに注意

40代ともなれば、ドロかぶりも板について社内的に相応のポジションをつかんでいるかもしれません。ただし、この時期はもっともストレスがたまりやすい時期です。ストレスから解放されるためのもっとも効果的なテクニックは、上司を昇進させることです。**上司が出世すればあなたも出世して仕事がやりやすくなります**から、ストレスを軽減できます。そろそろ人生の方向性を定めて会社にすべてを捧げることを意識する年齢です。

●50代　与える人になる。与えることに感謝をされて礼状が届く

この年代はあなたが20代の頃、そうだったようにドロかぶりの技術を部下に伝える必要があります。感度の良い部下であれば、ドロかぶりの重要性を理解できますから、あなたの社内的な地位はさらに向上し、仕事はやりやすくなるでしょう。そしてドロかぶりの技術は社内にとどまらず、社外へも伝わっていることでしょう。社外でも、感度の良い顧客はあなたの重要性を理解します。それは感謝状という形に変化して会社に届けられるに違いありません。

ドロかぶりの人生プラン

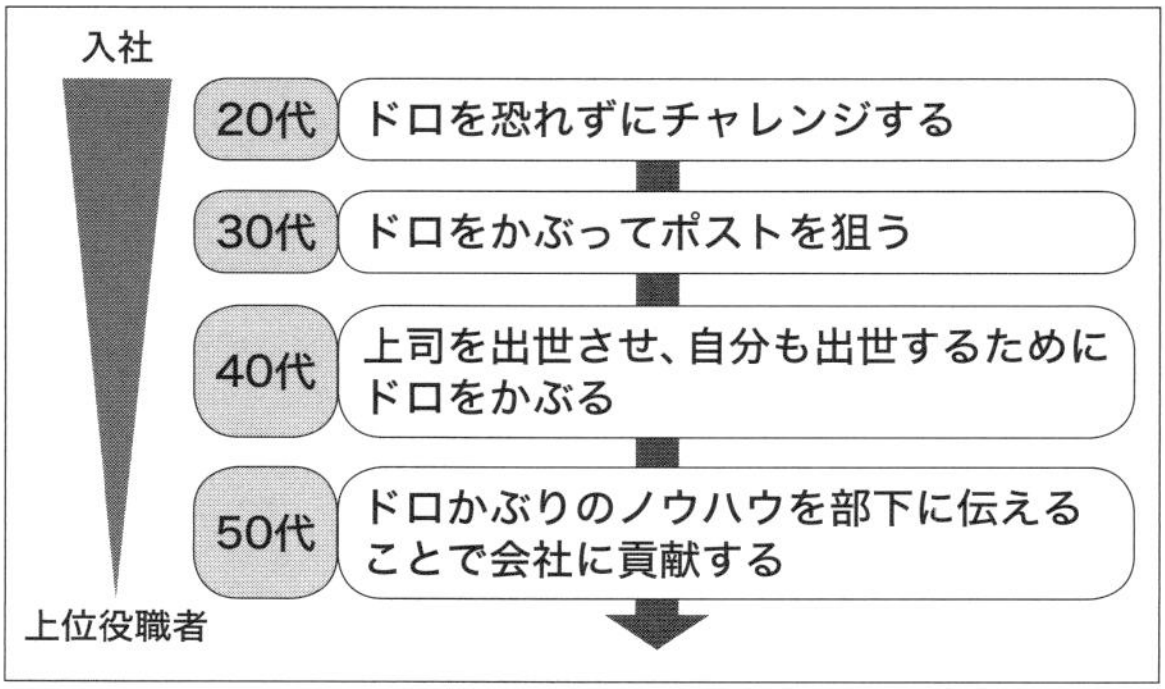

20代	ドロを恐れずにチャレンジする
30代	ドロをかぶってポストを狙う
40代	上司を出世させ、自分も出世するためにドロをかぶる
50代	ドロかぶりのノウハウを部下に伝えることで会社に貢献する

入社 → 上位役職者

このように会社風土と自分の年齢をしっかりと把握したうえで、かぶるべきドロを見極めることが、結果的に自分を守るリスクマネジメントになります。

火中の栗に気をつけろ

かぶっていいドロとかぶってはいけないドロの説明はすでにしましたが、リスクマネジメントの一環として、これだけは避けておけ、というものをもうひとつ解説します。

それは「火中の栗」です。

「え？　進んでドロをかぶれってことは、火中の栗を拾えってことじゃないの？」と思われた読者の方もいらっしゃるでしょう。

確かにドロをかぶらなければいけない場合、そのドロはすでに火中の栗となっているケースが多々あります。火中の栗を拾わないのであれば、結局なにもドロをかぶらないのと同じ状態といえるでしょう。

しかし、本当の火中の栗は、もうはじけるしかない状態なのです。**ドロかぶりが拾**

わなければいけない栗は、火中といっても救いようのある火中の栗なのです。

つまり、落としどころが見えない火中の栗は拾ってはいけません。

火中の栗すべてが自分にとって有益なドロではないのです。

ここが難しいところなのですが、火中の栗の中には、うまくいけば黄金に化ける栗も確かに存在します。が、それはあくまで「うまくいけば」なのです。この「うまくいった姿」が見えないのに栗を拾っても、サル・カニ合戦のサルよろしく、自分が大やけどを負うだけになりかねません。

ドロをかぶるときは、必ず落としどころを想定してかぶってください。この大原則さえ守っていれば、かぶったドロが大きな火に燃え上がってしまうことはそうそうありません。

自分の意見は持たない

あえて自分の意見を持たないことがリスクマネジメントにつながるケースもあります。

何度も繰り返していますが、ドロをかぶせてくるのは上司です。彼らは基本的にある程度、自分なりの判断を持っています。だからこそ、何か悪い事態が生じたとき、その**ドロに対する判断もある程度はすでに決めている**のです。

もし、ここであなたが自分なりの判断をし、ドロに対する固有の意見を上司に伝えたら、どうなるでしょうか。

上司と同じ意見ならまだいいですが、もし違えば、上司はあなたをデキない人物、少なくとも自分とは異なる考え方をする人物だと判断してしまいます。

こうなると、そのドロが自分に降りかかってくる可能性も高くなります。

すでに説明した通り、ドロは落としどころが見えていたり、上司との信頼関係が築けていたりする中でかぶるものです。自分の意見を変に持っていると、その上司との信頼関係が失われてしまう危険性があります。

ドロに立ち向かうときは、なるべく客観的にしていましょう。

では、自分の意見を持たずに、どうやって上司とコミュニケーションをとればいいのでしょうか。

答えは「聞く」ことです。**とにかくコミュニケーションの基本を「聞く」ことに置いてさえいれば、勝手に上司があなたを評価してくれます。**

だから、次のような行動は慎んでください。

- 相手の会話を否定する……「それは違いますよ。つまり○○みたいなことでしょ！」
- 相手の会話の倍々返し……「それって、○○で○○でこういうことですよね。○○のような可能性もありますよね。○○のようなこともあるし……etc」
- 相手の会話を結論づける……「つまりこういうことですね」「ひと言でいうとこういうことですよね。そうではなくて○○みたいなことだと思います」「それは完全にヤバイですね」
- 相手の感情を考えない……「結局なにがいいたいのですか？」「結論からいってください」

自分の話をへし折られてしまったり、話しているところに割り込まれたりすれば、それ以上話す気力がなくなりますよね。

修業を積んだ私だって、やる気をなくすかもしれません（笑）。

会話するときは、極力、自分の意見は持たないほうがいいのです。もし、どうしても何かいいたくなったら、頭の中でつっこむだけにして、決して口に出してはいけません。

ちなみに。この人間心理を使って、話が無駄に長い同僚に、それとなく話す気をなくさせている知人もいました。たしかに、直接非難されるよりはマシかもしれませんが、あまりお勧めできるものではありません。

管理職はトラップに要注意

一般的に致命的なドロ、いわばトラップにあふれたドロは、管理職を狙っていることが多いです。もし、読者のみなさんが管理職なら、こういったトラップには十分に注意してください。意図的にトラップを仕掛けられる場合もあるのです。

では、どんなドロがトラップにあふれたものなのでしょうか？

「ねえ、ちょっとこれやっといて」

部長や役員から直接そう指示されたとしましょう。実はこの言葉、トラップである可能性が高いのです。

管理職がかぶるドロは上から降ってくることが多いです。しかも、そのドロは、用意周到にデコレーションされ、一目ではドロとわからないような装飾がされています。だからこそ、こんな**何気ない一言に注意しなければいけない**のです。

「どうして自分にその仕事が来たのか」

これを真剣に深読みしなければいけません。**会社生活ではババともいうべきドロは必ずあるものです。**このババを引かないためには、常に自分に降ってくる仕事の質を見抜く努力をしなければいけません。

基本的に、ミスをしたくない上司が上にいればいるほど、ババの数は増えます。これは上司の性格による場合もありますし、会社の体質として、ミスを嫌悪するケースも考えられます。つまり、ババを見抜くためには、上司と会社の体質を見抜いておく必要があるのです。

ちなみに会社の体質を見抜くのは比較的簡単です。みなさんはサラリーマンである以上、年に何回か査定を受けます。この査定の方式が減点方式の場合、ババが致命的な傷となる可能性が高いです。公務員のようなケースはもちろんですが、社歴の長い大企業の中にも、こういった風土を持っている企業は存在します。このような風土の企業では、なんとしてもババは引かないに越したことはありません（逆に、社員のチャレンジを推奨している風土では、多少のドロは出世の大チャンスになります）。

ところで、このババを目の前にバーンと出されたとき、どうやって拒否したらいいのでしょうか？

答えは簡単です。**「お引き受けできません」と明確に拒否すること**です。たとえそれが上司だろうが、役員だろうが、失敗確率の高いババをあなたに振ってくる時点で、あなたは会社から軽視されているも同然なのです。大体、ババをあてがってくる上司には、その時点でうまくいかなかったときのシナリオがあるものです。

そのような環境下で安易にババを引き受けては、相手に体よくクビを切る口実を与えるだけにすぎません。

だれがなんといってこようと、ババはババなのです。強い意思を持って拒否しましょう。その結果、上司からの査定が悪くなったり、昇進の道が閉ざされたりしても、クビになるよりはマシと考えてください。それでも納得いかないなら、そんな会社はさっさとやめたほうが良いのです。

最後に、いくつか想定問答を挙げておきますね。

●パターン1

上司「この仕事は君じゃないとこなせないんだ」

部下「どうして○○先輩ではダメなのでしょうか？　私には荷が重すぎます」

●パターン2

上司「君、この仕事をやってくれないようじゃ、会社にいられなくなるよ？」

部下「おっしゃることは理解できますが、やはりお受けできません」

●パターン3

上司「この仕事は君のために絶対になるんだ」

部下「ありがとうございます。しかし、私には成功のイメージができません」

こんな感じでかたくなに拒否すれば、よほどあなたを辞めさせようとしていない限り、上司も諦めてターゲットを変えるものです。

もし、ドロをかぶって会社をクビになったら

これはある意味、チャンスです。

クビにするようなドロをかぶせてくる会社は、不祥事を隠蔽する体質の会社が多いものです。あなたをクビにして、すべてを丸く収めよう、という考えなのでしょう。

しかし、このような体質の会社が長続きすることはありません。政治の世界でも一

緒です。不誠実な行動をしていたり、法令順守を軽んじていたりすれば、いずれ手痛いしっぺ返しが必ずくるものです。

そんな会社をクビになったら、あなたはいち早く沈む船から脱出できたのです。仕事をしている以上、組織で苦境に立たされることは少なくありません。だからこそ、日ごろから情報収集をしっかり実施し、自分の会社の真贋を見極めておかなければいけません。沈む船のドロをかぶり続ける必要はないのです。

昭和の時代と違い、現代は終身雇用の外でも生きていける時代なのです。転職35歳限界説も崩壊気味です。40歳を超えて起業した人が億万長者になったりするのです。ひとつの会社にしがみつく必要はありません。結果的に、**会社を辞めることが無駄なドロをかぶらないですむ、最高のリスクマネジメントになることもある**のです。

ただし、ドロをかぶって降格になったときは、微妙な判断を強いられます。この降格が一時的なもので、再度、浮上できる目があるなら、会社にとどまるのも選択肢になります。しかし、まったく浮上の目がないなら、クビになったのと一緒ですから、外に出ることも必要でしょう。

降格のときは、それまで自分が培ってきた信頼感がものをいいます。今回はたまたま経営判断として、一時しのぎ的にドロをかぶせたのかもしれません。上層部はあなたの功績をしっかり認識しておいて、ほとぼりが冷めたころに埋め合わせをするつもりかもしれません。これを判断するにはキーマンに率直に質問してもいいでしょう。

「常務、先日は申し訳ございませんでした。会社に迷惑をかけた分、一兵卒になって必死に働き、ふたたび会社に貢献できるよう精進してまいります。まだチャンスをいただくことは可能なのでしょうか？」

もし、上層部があなたの貢献に報いるつもりがあるなら、あたたかい言葉をかけてくれるでしょう。「は？　なにいっているの？」というような軽蔑する言葉だったり、ドロをかぶった件をクドクドと指摘してくるようなら、未来に芽はないと判断してもよいでしょう。ただ、上層部に直接質問するときは、周囲の耳目に注意してください。会社を代表する立場である以上、周囲の注目を集めているときは、どんなに本心では違うことを思っていても、建前的に厳しいことをいわなければいけません。なるべく周囲に人がいない状況のなかで質問するようにしましょう。

【4章のまとめ】

- 最大のリスクはトカゲの尻尾になること
- いつかくる対処しようのないドロのために事前に準備しておけ
- 信用できない人物を特定しておけ
- 根回しは直属の上司から行え
- 会社風土にあったドロの対処法を実践せよ
- 年代別に実践すべきドロのかぶり方がある
- ドロかけ屋上司に対しては自分の意見を持つな
- 管理職は意図的に用意されているトラップに注意せよ
- ドロをかぶって会社をクビになったら、それはそれで大チャンス

第5章

応用ワザ満載
ドロかぶりケーススタディ

取引先のミスで失敗した場合

本章では、これまでの章のスキルを生かして、具体的なケーススタディをしていきましょう。1章から4章までで解説したテクニックや考え方を、実践を想定したシチュエーションの中で振り返ることは、きっとみなさんの学びを促進する効果があるはずです。ただし、このケーススタディは、知識やテクニックの定着を前提としていますので、企業名や登場人物はすべて架空のものであることをあらかじめ断っておきます。

それでは勉強をはじめましょう。

ドロかぶせ自動車は国内有数の大手企業です。売上高は数千億円を超えて東証一部に上場しています。従業員は1万人を超え、連結子会社も含めると3万人の巨大企業グループになります。

ドロかぶりITバンクは3年前に設立されたネット系ベンチャー企業です。ホームページの受託事業が堅調で売上高は倍々で伸びていて、昨年実績では7億円を突破しました。従業員も20人を数えています。

ドロかぶせ自動車はドロかぶりＩＴバンクに自社ホームページの作成を依頼していました。

発注金額は３０００万円で、ドロかぶりＩＴバンクにとっては会社設立以来最大の受託事業になります。

ホームページは、ドロかぶせ自動車の期が変わる４月１日にオープンすることが契約条件に明記されていました。つまり、期が変わるまでにホームページの検収チェックが完了していなければいけません。

しかし、進行管理が悪く、ドロかぶせ自動車との契約条項である４月１日に納期が間に合わないことがわかってきました。

なぜこのような事態になったのでしょうか。

それぞれの担当者に状況を確認すると次のようなことがわかってきました。

ドロかぶりＩＴバンクの担当者は、ドロかぶせ自動車の担当者に対して納期の段取りをしっかりと伝えて余裕のあるスケジュールを設定し、依頼内容も詳細に確認してありました。しかし、ドロかぶせ自動車の社内チェックの大幅な遅れや原稿チェックのミスが大量に発生したため、納期に間に合わなくなったのです。

会議の議事録やメールの履歴内容から考えても、ドロかぶせ自動車の責任であることは明白な状態でした。

ドロかぶせ自動車の法務担当役員から事情説明をするように通知があったので、ドロかぶりITバンクの現場担当者は「御社担当者の社内チェックの大幅な遅れや原稿チェックのミスが大量に発生したため、納期に間に合わなくなりました。当方はきっちりとしたやり取りをしていたのでドロかぶせ自動車の問題です。そのときのやり取りの記録を証拠としてお渡しします」と報告をしました。

さて、このドロかぶりITバンクの現場担当者の対応は正しいものでしょうか?

このような対応ではお客様であるドロかぶせ自動車の担当者に責任を押しつけることになりますから、両社の今後の関係性は悪化していくことが想定されます。法務担当役員の対応にもよりますが、ドロかぶりＩＴバンクに対して支払いを拒むケースがあっても不思議ではないでしょう。

つまり、**ドロかぶりＩＴバンクにとってはまったくダメな対処法**なのです。

現場担当者と違い、ドロかぶりＩＴバンクの社長は次のように対応します。

「御社担当者の社内チェックの大幅な遅れや原稿チェックのミスが大量に発生したため、納期に間に合わなくなりました。当方はきっちりとしたやり取りをしていたのですが、当社のプロジェクトマネジメントの責任は免れられません。当方担当者を処分し交代させたうえで最終納品まで責任を遂行いたします」

このように対応すれば、ドロかぶせ自動車の問題をドロかぶりＩＴバンクがかぶるわけですから収まりがつきやすくなります。

自分は間違っていないのに処分をされるのですから、ドロかぶりＩＴバンクの担当者からすればたまったものではないかもしれません。

このような事案が発生した場合、理由のいかんにかかわらず責任を負い、可能な対策を行うという**「結果責任」を重視しなければいけません。**

さらに、今回、ドロかぶりＩＴバンクが最も大切にする必要があるのは、ドロかぶせ自動車と良好な関係を極力維持しながら、納品を完結させて先方に「貸し」をつくることです。

そのためには、ドロかぶりＩＴバンク（自社）の担当者にドロをかぶってもらわなくてはいけません。

ドロかぶりＩＴバンクの担当者がこのような社会の仕組みやルールを理解したうえでプロジェクトに参画していれば、早い段階でドロをかぶることを得策と判断し、自社の社長の手を煩わせることもなかったでしょう。

このようなケースで重要なのは、このドロかぶりが会社にとってどのような意味を持つのかを、現場担当者がしっかり理解しておくことなのです。

企業目的を達成するためのドロかぶり

ドロかぶせフォンはケータイ電話の販売会社です。最近のスマートフォンブームに圧されて売上高が伸び悩んでいました。キャリア側のインセンティブも減少傾向にあり、ドロかぶせフォンが盛り返すためにはスマートフォンへの早期切り替えが必須でした。

この状況を打破するために、同社でケータイ電話を購入したお客様の機種を、スマートフォンに切り替える戦略を策定し、お客様に営業の電話をかける専門部隊を立ち上げました。

しかし、競合他社もスマートフォンへの切り替えを模索しているため、市場を勝ち抜くためにはスピードが重要な要素でした。

ドロかぶせフォンは、専門部隊の稼働率を極限まで向上させる必要性がありました。そこで、専門部隊を指揮するためにヘッドハンティング会社を通じて、同じ業界で実績のある山田部長（仮名）が就任しました。山田部長は社員の拘束時間を長くするため、早朝出社、深夜残業、休日出社を奨励して営業報奨金等の制度を細かく設定しました。

また、かけた電話の件数をチェックし、件数が少ない者や、営業電話をかけずに休憩をするものがいれば、罵声を浴びせました。

「お前なんかやめちまえ！」

「辞表を書け！」

ドロかぶせフォンは1年後、スマートフォンの大幅なシェアを獲得することに成功しましたが、山田部長はパワハラの嫌疑を掛けられて会社を退職せざるを得ませんでした。

ドロかぶせフォンは、スマートフォンのシェアを獲得したと同時に、社員にドロをかぶせたのです。山田部長もドロをかぶることを理解して入社してきたことは容易に推測がつきます。

企業は経営目的を達成することができましたが、山田部長はスケープゴートにされてしまいました。**スケープゴートになる人材とは、責任をとらされることを承知したうえで業務を遂行できる人材です。**

まさに、ドロかぶせフォンの経営目的達成のために、山田部長は高貴なドロをかぶったのです。

上司のドロをかぶる

ドロかぶりコンサルティングの若手社員である塩原くん（仮名）は、ある地域のピアノメーカー協同組合から、ピアノの拡販営業施策を受注しました。

その協同組合のシェアは数パーセントで、業界にはY社とK社というビッグ2がいます。まともに営業したのではビッグ2にかないません。

そこで塩原くんは一計を立てました。

シェアがビッグ2に遠くおよばないということは、逆をいえば、なかなか珍しい国産ピアノといえるのです。ということは、独自色を出したいところにアピールすれば、うまく拡販につながるはずです。

塩原くんは、大手高級家具販売店に目をつけました。その大手高級家具販売店は全国各地にショールームを持っています。しかも扱っている商品はどれも高級家具ですので、よくみかけるK社やY社のピアノでは味が出ません。もし、このショールームに展示してもらうことができれば、珍しいもの好きの顧客にもダイレクトに商品を提示することができます。

塩原くんはさっそく飛び込み営業電話をかけ、その販売店に営業にいきました。担当者は塩原くんの話にのってきました。しかも、役員が前面に出てくる力の入れようでした。もちろんピアノメーカー協同組合も大喜びです。両社とも塩原くんに絶大な信頼を寄せました。

あとはもう、具体的な商品を決め、納品の筋道を立てて、システム的に動かすだけです。

ここで塩原くんは上司の高木部長（仮名）に出馬を仰ぎました。

「このプロジェクトはもう少しで完成します。ここで部長にご出馬いただければ、鬼に金棒です」

「そうかね。では、あとはすべて私に任せなさい。ご苦労様だったね」

塩原くんは高木部長に手柄をゆずり、このプロジェクトから外れました。もう、95パーセントは完成しているプロジェクトです。普通に考えたら、ここで自分が離れても、結果は変わりません。しかも、高木部長に恩を売れるのです。

塩原くんはプロジェクトから手を引きました。

ところが、数週間して高木部長が塩原くんを呼び出しました。

「例のプロジェクト、やっぱりお前に任せるわ。最後までやり遂げてくれ」

せっかくの手柄を高木部長はあっさり手放しました。なにやら怪しい感じです。

塩原くんが状況を確認すると、もう挽回できないところまで、事態は悪化していました。

あらましはこうです。

ピアノメーカー協同組合は35社の零細メーカーが集まってできたものでしたが、そのうち2社のピアノだけ、大手高級家具販売店のショールームに展示することになったのです。普通なら間に入ったコンサルタント業者が各メーカーのコンセンサスをとって調整するので、これほど大問題にはなりません。

しかし、今回は普通ではありませんでした。高木部長は大手高級家具販売店の意向ばかり気にして、ろくに調整しなかったのです。

塩原くんが復帰したときには、ピアノメーカー協同組合は崩壊寸前の内戦状態にありました。これを見た大手高級家具販売店は手を引きたいといってきたのです。変なとばっちりを受ける前に、商談自体をなかったことにしたのです。

いくら塩原くんでも、こうなってしまっては、大手高級家具販売店の意向を飲むしかありませんでした。

「事情は承知しました。せっかくここまでご尽力いただいたのに、こちらの不手際でまことに申し訳ございません。私が責任を持って、御社に火の粉がふりかからないよう、事後処理をさせていただきます」

塩原くんはさっそくピアノメーカー協同組合に入った亀裂の修復に取り掛かりました。このころには大手高級家具販売店とのコラボ話が破談になったことは、組合員全員が知るところとなっていました。

「このたびは私の力が足りないばかりに最後の最後でうまくいかず、ご迷惑をおかけしました。大変申し訳ございません」

「いや、塩原さんには本当に申し訳ないことをしました。せっかくここまでやっていただいたのに、私たちがうまく意見調整できなかったばかりに、その努力を泡にしてしまいました。悪いのはこちらです」

協同組合のメンバーは、塩原くんの努力をよく知っていました。ぽっと出の高木部長よりも絶大な信頼を塩原くんに寄せていただけに、その彼が謝罪に来ると、矛をおさめずにはいられなかったのです。これはそれまで対立をあおっていた組合員も同じでした。塩原くんの謝罪によって、協同組合は元の結束を取り戻しました。

塩原くんは騒動がおさまったのを見て、いったん会社に戻りました。

「塩原、あの案件どうなった？」

高木部長が尋ねました。

「もう、どうにも手当ができず、破談してしまいました」

「バカ野郎！　なにやってんだよ、最後の詰めもできねぇのかよ。使えないやつだな。こんなことなら、あのままオレが担当しておけばよかった」

高木部長はそういって、プロジェクトの破談をすべて塩原くんのせいにしてしまいました。社内的にも破談の責任は塩原くんひとりにかぶせられたのです。

塩原くんは悶々とした気持ちを抱えたまま、大手高級家具販売店に事態収拾の報告にいきました。

「いや、塩原さん、正直にいうと、今回は高木さんが悪かったのだと、私たちもわかっています。でも、塩原さんに見事な事後処理をしていただいて、本当に感謝しています。今回は塩原さんだけが『骨折り損のくたびれもうけ』になってしまいましたね。どうです、もし塩原さんさえよければ、うちに来ませんか。弊社にはあなたみたいな有能な調整役が必要なんです。マネージャー級の待遇でお迎えしますよ」

社内的には上司のドロを一方的にかぶった塩原くんですが、社外には何事にもかえがたい信頼関係を生み出していたのです。

役員変更により風当たりが強くなったプロジェクト

ドロかぶせＩＴサービスは前年比２００パーセントの業績アップを続けているベンチャー企業です。このたび、好調な本業に加え、社内ベンチャー制度を活用して、ＩＴ専門のコンサルタント会社を立ち上げました。

このプロジェクトは会社ナンバー３の専務が主導しています。実は、この専務、ドロかぶせＩＴサービスの大株主（オーナー）の紐付きで高校時代からの親交がありました。近い将来、社長の座につくことを嘱望されている人材だったのです。

一方、専務より上の社長と副社長はたたき上げの社員でした。オーナーがこのベンチャー企業を立ち上げた当初から、骨身を削って働いてきました。そんなふたりから見れば、専務は何かと鼻につく存在だったのです。

さて、その専務が担当役員としてスタートした社内ベンチャー起業制度で立ち上がった会社が、ドロかぶりコンサルタントです。ＩＴにかかわるビジネス案件を上から下までノンストップで「ドロかぶせＩＴサービス」グループで受注することを標榜し、その中核事業会社として位置付けられました。

この会社には、他社で辣腕をふるった実力者が集められました。専務は「上から下までノンストップ」というコンセプトだけを指示し、それ以外はすべてこの中途入社組に任せました。5人の少数精鋭軍団でスタートした会社は、初年度から予算比120パーセントの黒字を計上し、順調に滑り出したかのように思えました。

ところが、思わぬところに敵が現れていたのです。本業であるドロかぶせITサービスは新興の押せ押せベンチャー企業らしく、営業マンは体育会系の若手社員で固められ、平均年齢も20代後半でした。この若い社員たちの間に、ドロかぶりコンサルタントへの憧れが広がっていたのです。

彼らからしたら、高層ビルの上から下までを飛び込み営業でまわってやっと得た成績よりも、ドロかぶりコンサルタントの社員たちが颯爽と顧客にアポをとり、高額なコンサル料を受注してくる様子がとてつもなくスマートに見えたのです。

当然ながら、自分たちの部下に浮気された上司たちは面白くありません。会社上層部を中心にドロかぶりコンサルタントに対する風当たりは強くなりました。ただ、大株主の縁者である専務が担当では、面と向かって文句をいうわけにもいきません。多くの役職者は表面上協力する姿勢をとりながら、なんだかんだと理由をつけて、協力することを避けていました。

そして2年目を迎えたとき、期中にもかかわらず、専務が担当役員からはずれてしまいました。彼は管理本部の担当となり、かわりに副社長がドロかぶりコンサルタントの担当となったのです。表面的に見れば、立ち上げたばかりの新興企業担当から管理本部の担当になった専務は「昇進」です。しかし、内実は専務とドロかぶりコンサルタントに反感を持った社長と副社長、その他取締役の策謀でした。

新しく担当になった副社長は、さっそく彼らへの締めつけをきつくしました。

「前年比110パーセントの伸び？　ぜんぜんダメじゃないか。本社は200パーセントを超える勢いで伸びているんだぞ。おまえらだけ楽をするんじゃない！」

「おまえらなんで営業にいかないんだ？　机にばっかり向かっていたって稼げないぞ。なに？　無暗《むやみ》な営業よりも資料作成と戦略が大切だって？　頭ばっかし動かしてないで、体を動かしたほうがいいに決まってるだろ！　さっさと営業にいけ！」

「今日はいくら数字があがるんだ！　明日は！　明後日は！」

まさしくイケイケの本社と同じノリで、中途入社の社員たちに接してきました。その社風があわない社員たちは次第にやる気をなくしていきましたが、それでも最終的に2年目の売上は前年比１４０パーセントの伸び率で、最終利益も残り、黒字となりました。

しかし、話は「めでたしめでたし」とはなりませんでした。ドロかぶせＩＴサービスではドロかぶりコンサルタントの他にも社内ベンチャー企業が10社ありました。そのどれもが売上前年比２００パーセント、３００パーセントアップという数字をたたき出していたのです。つまり、ドロかぶりコンサルタントの成長率は非常に見劣りする存在でした。

これを受けて、取締役会では「この程度の売上の伸び率しか達成できないなら、わざわざ別会社にする必要はない」という意見が大勢を占め、会社を清算する運びとなりました。黒字が出ているうえ、業績も伸びているのに清算となったのです。多くの役員の本音は、会社風土を乱したドロかぶりコンサルタントをとにかくつぶしたかったのです。ドロかぶりコンサルタントの社員からみれば、逆恨みによる嫌がらせ以外のなにものでもありませんでした。

ただ、取締役会の中で「社員は全員優秀だから、各事業部に配置しよう」という案が出ていました。会社を清算しても、その主力だった社員たちは自分たちの業績アップのためにも、手元に残しておきたかったのです。

副社長は社員5人を集めて、会社清算の旨と、本社の各事業部に異動できることを伝えました。副社長としては、ドロかぶりコンサルタントよりも給料が高く、新興とはいえ福利厚生もしっかりしている親会社に転籍できるのだから、喜んでついてくるだろうと信じて疑いませんでした。

ところが、社員たちの反応は副社長の予期せぬものだったのです。

「副社長、ご手配いただき、ありがとうございます。ただ、私たちはたった2年で会社が清算になった事態に非情に心を痛めております。ここは潔く責任をとって、ドロかぶせITサービスへの転籍も辞退させていただきます。全員、社を去りたいと思います」

これを聞いて副社長はあわてました。役員の総意として、会社は清算するけれど、有能な社員は本社に残しておきたかったのです。

副社長はあれこれと理由をつけて翻意をうながしましたが、5人の決意は固く、役員たちも会社を清算してしまった関係で、そもそも労働契約自体が成り立たない状況下で無理やり彼らを引き留めることはできませんでした。

5人は会社清算日にクビとなりました。

ところで、5人はなぜ会社を去る決意をしたのでしょうか。普通に考えると、給料も高く、待遇もいい本社勤務を喜んで受け入れそうなものです。

5人の本音はこうでした。

〈自分たちはコンサルタントのプロとして雇われた。しかも、会社立ち上げというとても魅力的な事業を任された。**そこに大義があった**からこそ、ドロかぶりコンサルタントに入社したのだ。その大義を失ったうえ、社風のあわないドロかぶせITサービスに残ったとしてもつらい思いをするだけ。いくら給料がよくても、そこに甘んじる

ことは自分たちの幸せにつながらない〉

この本音に対しては賛否両論あるかもしれません。「なに青臭いことといってんだよ、会社をつぶしたにもかかわらず、高給で雇ってくれるんなら、それでいいじゃねぇか」という厳しい意見もあるでしょう。「会社をつぶして、その責任をとってクビになってしまったら、次に雇ってくれるところはないんじゃないの？」という心配する意見もあるでしょう。

結果からいえば、５人はそれぞれに転職活動をし、あるものはヘッドハンティング会社を通じて部長格で転職し、あるものはドロかぶりコンサルタントで築いた人脈を活かして役員クラスで転職しました。一番転職して格が低かった人物さえ、課長クラスだったのです。

どうして、**全員、こんな有利な転職ができた**のでしょうか？

それは転職面接時のこんなやり取りに答えがあります。

「前職のこの会社は清算したと書いてあるけど？」

「そうです。私たちの力がおよばず、２年でつぶしてしまいました」

「どれくらい赤字だったの？」

「いえ、黒字でした。売上も前年比140パーセントアップだったのですが、他のグループ会社が200パーセントや300パーセントの伸びを記録しているなかで、私どもの会社の伸び率は、グループ幹部を満足させることができなかったのです」

「うーん、それだけが理由じゃないんじゃないの？　普通に考えたら、いくら他の業績が良くても、黒字の会社をつぶさないでしょ」

「いや〜、恐れ入りました。そのとおりでございます。包み隠さず申し上げますと〜」

このあと5人はそれぞれの口調で、担当役員が代わったことによる軋轢、目立ち過ぎたための逆恨みによる反感などを説明しました。

「大変だったね。でも、本社に残れるように手配してくれたのに、なんで残らなかったの？」

「すべて私たちの不徳から招いた事態です。われわれはドロかぶりコンサルタントを一流の会社にするつもりで入社し、その目標に向けてまい進してきました。志半ばでその道を外れねばならなくなった時点で、私たちは潔く責任をとることに決めたのです。それがグループの他の企業でがんばっている同僚に向けて、せめてものつぐないなのです」

どうですか？

もし、あなたが経営者だとしたら、このような社員をほしくありませんか？

会社方針で立ち上げた会社を、社内のゴタゴタが原因で一方的につぶされるというドロをかぶったにもかかわらず、自分たちの評価は上がっているのです。

ドロをかぶる際には「大義」に対する「潔さ」が必要な場合もあります。このケースはまさにその好例なのです。

エレベーター内暴言事件

ドロかぶり情報ソリューションは、業界ナンバー3の準大手企業です。最近、成長著しく、社員も大量の新卒採用および若手中心の中途採用組であふれ、平均年齢は27

歳です。人材不足から経験数年の若手社員がバンバン管理職に昇進していました。

そんな若い会社で事件が起きました。

会社は新宿にある超高層ビル群のひとつ、ドロかぶりビルの25階に入っています。他の階には日本を代表する会社の本社や支社が名前を連ね、エレベーター内ではさまざまな会話がなされていました。

事件はそのエレベーター内の会話が発端でした。

ドロかぶり情報ソリューションの若手社員である佐藤くん（仮名）がエレベーター内で次のような会話をしていたのです。

「ドロかぶせ自動車ってさ、図体がでかいくせに、めちゃくちゃ金払いが悪いんだよ。もう、最悪。あんなけち臭い会社って見たことないぜ」

よくあるグチのひとつに見えます。きっと周囲に関係者がいなかったら、乗り合わせた他社の人でも聞き逃したことでしょう。

しかし、運悪く、そのエレベーターには、ドロかぶせ自動車の常務取締役が乗っていたのです。その常務はたまたまドロかぶり情報ソリューションの上の階にある、人材サービス会社を訪れるところでした。

もちろん、常務はその会話を聞き逃しませんでした。しかも、その若手社員が首から下げていたネームプレートを、しっかりと確認していたのです。

翌日、社内はてんやわんやの大騒ぎとなりました。

常務から親交のあるドロかぶり情報ソリューションの社長に直接電話がいったのです。

「先日、おたくのビルのエレベーターに乗っていましたら、うちが大変お世話になっている御社営業部の佐藤くんがいましてねぇ、なにやら弊社のことで苦労されているみたいなんですよ。いいんですよ、そんなにご無理されなくても……」

社長はすぐに、謝罪にいくことにしました。しかし、単に謝罪しても、常務の怒りはそう簡単におさまりそうにもありません。何かしらのお土産が必要でした。

社内では、常務を怒らせた張本人である佐藤をクビにしろ、という意見が大勢を占め始めていました。しかし、その意見に「待った！」をかけた人物がいました。社内でも敏腕のドロかぶり役である、管理本部の杉崎本部長（仮名）でした。

「社長、私もご一緒させていただきますので、どうか佐藤のクビだけは思いとどまってください」

社長は信頼する杉崎本部長の意見を聞き入れ、ドロかぶせ自動車の常務に謝罪するため、その本社を訪れました。

ところが、常務はまったく会ってくれませんでした。ドロかぶり情報ソリューションの名前を聞くのも嫌だというのです。ただ、さすがに取引先の社長を門前払いするのも気が引けたようで、常務の部下にあたる総務部長が応接室で対応しました。

「このたびは、大変申し訳ございませんでした」

杉崎本部長がそう切り出しました。

「困ったことしてくれましたねぇ。上の怒りも大きくてねぇ。で、その社員はクビにしたの？」

総務部長は上から目線の強気な受け答えをしました。

「いえ、佐藤には心からの反省をうながすためにも、弊社でしっかり教育していく所存です。今回の事態は弊社の教育体制の不備がもたらしたものでもあります。社員教育の担当部長として責任を感じております」

「そうですか、杉崎さんがそこまでおっしゃるなら、わざわざその社員をクビにしなくてもいいですね。うちの上もその社員の人生を終わらせたい、とまでは思っていないはずなので。でも、どうやってうちの上を納得させましょうかね」

「どうしたらいいでしょうか？」

「そうですね、上の機嫌が直るまで、少なくともおたくの会社は出入り禁止にさせてください。これが一番の解決法でしょう」

「ありがとうございます。弊社に異存はございません」

こうして、この事件は幕を下ろしました。

この事件の解決のポイントは、責任を安易に末端の社員ひとりに負わせるのではなく、会社の教育法の問題点にしてしまったことです。その責任者である杉崎本部長が、自社の教育法の見直しを示し、論理的に責任を自分に転嫁したことで、佐藤くんは守られました。もっとも佐藤くんが発端となって、事件は「出入り禁止」という結果になりましたので、なんらかの懲戒処分は免れません。

それでも、クビにするよりはマシでしょう。もし、この程度のことで社員のクビを切っていたら、会社全体のモチベーション低下につながりかねません。いくらがんばっても、たったひとつの失敗のせいでクビになる、そんな会社で働く社員の士気が高まるはずはないのです。

そして、もうひとつ、解決のポイントがあります。それは**「答えを自分からいわない」**ことです。

総務部長から「どうやってうちの上を納得させましょうかね」といわれたとき、杉崎本部長は「どうしたらいいでしょうか？」と問いかえしました。普通なら自ら「○○します！」といってしまいそうな場面ですが、これでは、相手の要求が高くなればなるほど、自分の首を絞めていく結果になります。

重要なことは、相手に対処法を指示させることなのです。

そのあたりをより具体的に解説するために、もうひとつ、ケーススタディをしましょう。

「おわびに行ってくれるヤツいないか？」事件

　ドロかぶり広告サービスは伸び盛りのネット広告ベンチャー企業です。このたび、展開するサイトのトップページに、広告のクリック数を増やすために、有名メーカーの会社ロゴを羅列しました。事件はこの特集で起きました。

　掲載メーカーのひとつ「ドロかぶせ電機」がロゴの無断使用として、クレームを入れてきたのです。普段から取引がある関係で、ドロかぶり広告サービスの担当者と、ドロかぶせ電機の担当者の間では、話が通っていることでした。しかし、ドロかぶせ電機の社内調整がうまくいかなかったうえ、嫌がらせを好む法務部長の性格から、今回のようなクレームにつながったのです。

「だれか、おわびに行ってくれるヤツいないか？」

　クレームを受けたドロかぶり広告サービスの営業本部長は、社内にそう告知しました。みんなの視線はあるひとりの社員に集中しました。

　社内でも有数のドロかぶり役として知られている総務部長の田中部長（仮名）で

した。

「わかりました、私がいってきます……」

周囲のアツい視線に背中を押されて、田中部長はさっそくクレームを入れてきたドロかぶせ電機の法務部を訪問しました。先方は法務部長と担当弁護士が応対しました。

「うちが長年つくってきたブランドイメージを、おたくみたいな会社のサイトに勝手に使用されては困るんですよね。これじゃあ、まるでうちがおたくごときの会社を全面的に支援しているように見えるじゃないですか？」

開口一番、法務部長はそういいました。

「御社とはここ数年来取引がございまして、この度、弊社サイトのリニューアルにともない、日ごろお世話になっている方々への感謝の意も込めて、ピックアップさせていただいたものでした」田中部長が答えました。

「なるほど感謝を仇でかえしたわけだね。おたくみたいな会社に勝手に使われたら困るんだよねぇ。この落とし前、どうやってつけるの？」

「申し訳ございません、落とし前とはどのようなものでしょうか？」

「落とし前は落とし前だよ。誠意といってもいいね」

「誠意とはどのようなことでしょうか？」

「気持ちだよ、気持ち」

「気持ちとはどのような気持ちでございましょうか？　私ども、このたびは大変反省しております」

「反省はわかったから、そんな気持ちじゃないよ。もっと具体的なやつだよ」

「大変申し訳ございません。具体的とはどのようなものでしょうか？」

法務部長はイライラした調子で続けます。

「たとえば、お金とか……」

「ああ、結局、お金を要求されるのですか？」

「なんだ、その言い方は？」

「いえ、大変失礼いたしました。ただ、気持ちを見せろとか、誠意を示せとか、私どもの姿勢を試されるお言葉を頂戴していたので、まさか、お金を暗に要求されているとは思いがいたらなかったものでして……。それで具体的にはいくらぐらいをご希望なのでしょうか？」

「そちらの気持ち次第だろ、こんなものは？」

「申し訳ございません、具体的にいっていただいてもよろしいでしょうか？」

「1億くらいか？」

「1億ですか！　たったこれだけのロゴ使用の賠償が1億とは。まことに申し訳ございませんが、弊社に持ち帰って相談させていただきます。そもそもこのようなロゴ使用に関して、1億円の支払いという判例はあるのでしょうか？」

田中部長から問われたドロかぶせ電機の弁護士は首を横に振りました。

「前例はありませんね」

「前例がなくても、これが前例になるんだよ！　おたくみたいな会社がつべこべいうんじゃない！」

「まことに申し訳ございません。それだけの大金となると、私だけでは判断できません。これは御社の総意として受け取ってよろしいのでしょうか。しかるべきのちは、弊社の社長と御社の社長の直接のお話となりますね」

田中部長が「社長」の名前を出したとたん、法務部長の態度が豹変しました。

「なんで、そこで社長が出てくるわけ？」

「いや、これほど大きい話ですから、弊社としましても、御社の代表者たる社長と直接お話し合いをさせていただいたうえで、責任の所在を明らかにしていく必要がございますもので……」

「いや、いいよ、そんなに大げさにしなくても。うちも金が目的ではないんだ」

「寛大なご配慮に感謝申し上げます」

「ただね、うちの社内にも今回のロゴ使用に対して不満を持っているやつらがいるんだよ。そいつらを納得させるためにも、手土産が必要でしてね」

「手土産ですか？」

「そうだな、ほとぼりが冷めるまで、御社を出入り禁止にさせてくれ。1年か2年くらいでまた入ってこれるだろうよ」

「ありがとうございます。私に異存はございません」

この例も、**言いがかりをつけてくる強い立場の相手に対して、どう受け答えをすれ**

ばいいのかを示したものです。基本的には先ほどのドロかぶせ自動車のケースと同様、こちらから答えを提示しないことです。

常に相手に提示させ、その提示に矛盾があれば、そこを逆手にとって対処するのです。この対処にはいくつか方法があります。

ひとつは、**事態を大げさにする**方法です。部長レベルからの感情的なクレームの場合、役員や社長同士の応対にする、という一言が効きます。相手の立場になれば、事態が大げさになっていいことはありませんからね。この一言で問題がうやむやになり、なし崩し的にフェードアウトできる場合もあります。

もうひとつは、**向こうがどうやったら収まりがつくのかを考える**ことです。これは「完勝しない」という原則にもフィットすることですが、クレームをいってきた人物のメンツを立ててあげることも考えておかなければいけません。このメンツを立てるときに注意したいのが、自社にとって直接的な損害、つまり金銭の賠償などが生じないようにすることです。

このあたりをおさえておけば、ある程度のクレームには対応できるでしょう。

政治家秘書の化かし合い

ビジネスマンは直接関係ないかもしれませんが、本章の最後にドロかぶりの本領、政治家秘書の化かし合いを具体的なケーススタディとして紹介しておきます。みなさんのビジネス人生の中にも、**本音を隠した状態で会話しなければいけない**ケースがあるでしょう。ドロかぶりとは直接関係がないかもしれませんが、議員秘書の化かし合いのケーススタディをすることで、きっとみなさんの本音の隠し方の参考になることでしょう。

東京都ドロかぶり区は、与党ドロかぶり党の重鎮・福岡衆議院議員（仮名）と、野党第一党のドロの正義党の重鎮・秋田衆議院議員（仮名）がしのぎを削る激戦区です。過去2回の国政選挙ではそれぞれが1勝1敗で、敗者は比例復活で当選してきました。

このような激戦区では、区内の有力者が開いたパーティで、よくお互いの陣営が顔を合わせることがあるものです。その場合、主催者も気をきかせて、政治家秘書に代役を頼むこともありました。

ドロかぶり党福岡衆議院議員の秘書と、ドロの正義党秋田衆議院議員秘書は、表面上、友好な関係をアピールしながら、そのパーティで次のような会話をしていました。

福岡秘書「いや〜、最近、秋田先生はますますご活躍ですね」

秋田秘書「福岡先生も政務官になられて、ご活躍はうかがっていますよ」

福岡秘書「どうですか、秋田先生は運輸ドロかぶり委員会のポストを狙われているとか？」

秋田秘書「それは何かのお間違いでは？　秋田からとくにそのような話は聞いておりません。福岡先生は運輸ドロかぶり委員会に興味があるのですか？」

福岡秘書「いえいえ、私の勝手な想像で質問したまでです。秋田先生はどこか興味がある委員会があるんですか？」

秋田秘書「さあ、私も最近、そのようなテーマの話を秋田としていませんので。今度、聞いてみますよ。ところで福岡先生は政務官になられてお忙しいでしょう。

なかなか地元のことを気にかけている余裕はないのでは？」

福岡秘書「そんなことはありませんよ。もちろん、日本国のために粉骨砕身で働いておりますから、多少は地元にくる機会は減っていますが、その分、私どもが今まで以上に働いておりますので……。秋田先生は最近、よく地元にいらっしゃるようですね」

秋田秘書「そうですね。先生は地元を愛していますから、少しでも時間があれば、後援者のみなさまの会合にお顔を出されていますよ」

福岡秘書「なるほど、それはうちも負けていられませんね」

どうですか？　この議員秘書たちの会話。中身があるようで中身のない会話だと思いませんか。お互いに相手の腹を探っているのですが、基本的には建前しかいっていません。**さりげなく質問を繰り返し、相手の質問には建前で答える**、これが議員秘書たちの会話なのです。

私は秘書をやっている当時「議員秘書どうしの会話ほどつまらないものはないな」

とずっと思っていました。この例を見てもらってもわかるように、基本的には、わかりきった答えしかしないからです。

「政治家たる者、ペラペラ話すべきではない」とは、２０１２年の解散騒動の中である政治家がいった言葉ですが、まさにその通りなのです。議員秘書たるもの、ペラペラ話し過ぎてはダメなのです。

立場が偉くなればなるほど、建前で話すのが普通なのです。ペラペラ本音をいうのは中間管理職までです。

ときどき失言で大失敗をするタイプの政治家は「建前を建前」といってしまう例外的な人物なのです。多くの政治家は「建前」で話を通します。それが、上に立つものにとっての理論武装になるからです。

ドロのかぶり方からは少し趣旨がずれるかもしれませんが、この「建前の重要性」も、ぜひみなさんにはご理解いただけましたら幸いです。

政治家が高級料亭でよく密会をするのは、この「建前」を取り除くための方法なのです。大衆居酒屋と異なり、高級料亭の従業員は口が堅いですし、部屋も基本的にはゆったりとした個室です。入口もガードが固く、変な盗聴者が潜り込む隙をみせません。だからこそ、政治家たちは高級料亭で密会し、誰も見ていないところで、本音で交渉するのです。

もちろん、この交渉後は何事もなかったかのように、料亭を後にします。たとえマスコミから「○○代表も本日、この料亭を使われているのですが、中で何か会話はされましたか？」と聞かれても、「それは知りませんでした。私どもは単に身内の打ち合わせのためにここを訪れただけでして、他党のどなたがいらっしゃっているのかまでは把握しておりません」と答えます。どんなに突っ込まれても、建前を崩してはいけません。

もしここで「実は会っていました」などと本音を話そうものなら、その信頼は地に落ちます。数年前、政治がゴタゴタしているときに、似たような出来事がありましたが、あれは立派なルール違反なのです。そんな永田町のルールなんて知らないよとおっしゃる方もいるかもしれませんが、**本音よりも建前が大きな効力を発揮する場面は、みなさんが考えているよりもずっと多い**のです。

【5章のまとめ】

- たとえ取引先が悪いとしても、お金をもらう立場なら、潔くドロをかぶろう
- 企業目的を達成するためのドロをかぶって、ヘッドハンティングの対象になることもある
- 上司のせいでプロジェクトが破たんするドロをかぶっても、きっと周囲にはあなたを評価している人物がいる
- 上層部の権力争いのとばっちりでドロをかぶったときは、大義を優先して対処しよう
- 部下や他の社員のドロをかぶり、なおかつ、その社員を守りたいときは、徹底的に謝罪し、会社としての対応を示せ
- 嫌がらせ的なドロを受けたら、自分から答えを出すな

第6章

幸せなドロかぶりの未来

すでにあなたはリスクをとれる人間になっている

本書もいよいよ最終章となりました。あなたはもう、立派な「ドロかぶり」人材となっていることでしょう。

リスクはただしくとれば、何も恐れることはないのです。あなたはすでにリスクを上手にとれる人間になっています。

もっといえば、あなたは上司から降ってくるいかなるドロに対しても、すでに耐性ができています。もし、ドロがその身に降りかかってきたら、本書で解説した方法を駆使して、堂々とドロをかぶってやろうではありませんか。

いま、本書を読む前のあなたを思い出してみてください。ドロをかぶることに大きな不満を持ったり、ストレスを感じていたりしませんでしたか。その不満やストレスはそのままで残っていますか。そうでなければ、これほど著者冥利につきることはありません。

世の中にはネガティブチェッカーがいます。どんなことにつけても、ネガティブなことにしか考えがおよばない人々です。たしかにリスクに目を向けることは大切です。しかし、それだけでは成功もできないのです。あなたの会社にはネガティブチェッカーがどれくらいいますか。このような人々は「ケチをつけてやろう」と無意識に考えているのに、自分ではなにもやろうとしない傾向にあります。このタイプの人種には、決してリスクをとることができません。

ドロかぶりの術を身につけたあなたは、ネガティブチェッカーに負けてはいけません。というよりも、圧勝しなければいけません。

「私がやります！」

この一言が、あなたの未来を明るくします。

高貴なドロかぶりになれ！

リストラにあった。会社が倒産した。いまの時代、なんら不思議ではない出来事ですが、お酒を飲みまくって泥酔したところで問題の根っこが解決するわけではありません。

私の経験上、失敗した人や運気の悪い人には誰も近寄りたがりません。

理由は簡単で、自分も火の粉を浴びたら困るからです。

結局は「やれる範囲で支援しましょう」「がんばりましょう」と声ばかりで、誰もなにもしてくれません。

このような場合、人材紹介業や、ヘッドハンティングなど、それを生業にしている人物に助けを求めたほうがはるかに得策です。彼らにとってあなたは商品であり売り物だからです。


人と人はなんらかの利害関係の中で結びつく傾向があります。

成功している人物には人が集まります。多くの人が成功している人物のそばにいれば、うまい話があるのではないかと期待するからです。

一方で、失敗した人からは、引き潮のごとくサッといなくなります。当面、利用価値やメリットがないからです。

ですから、最後は自分ひとりであるという意識を持たなければなりません。

そして、その意識を理解したときから、ドロかぶりの真骨頂を見せることができます。

戦争が起きているとき、司令部は一番後方にあります。そこから全体を見渡して指示をしなくてはいけないからです。その一方で、危険がおよんだら真っ先に退却することもできます。ある意味卑怯なわけです。

これは、戦争に限らず仕事でも同じです。

トップや役員はめったにドロをかぶりません。彼らがかぶるとしたら、それは会社の存続を危うくするような真に大きなドロです。それ以外の頻発するドロの責任をとらされるのは担当部署です。

これは政治の世界も同様です。政治家本人は絶対にリスクは負いません。

仕事には、キレイごとで解決できないこともあるものです。ですから汚れ役の人材、つまり「ドロかぶり」が必要になるのです。

出世する人は、何らかの傷を持っているものです。だから上層部の信用を勝ち取り、上にあげられるわけです。

このような人物は「ドロかぶり」の仕事をよく理解しています。そしてそのことを自覚して、用意周到に手を打ちます。社内への根回しも怠りません。

ドロをかぶることを恐れませんし、「たら」「れば」という話もしません。

海外の事例ですが、以前、ある有名会社で内部告発があり、社長が釈明に追われたことがありました。

内部告発は詳細なものであり、当該業務に関わった社員でなければわからないような内容を含んでいました。当然、マスコミは追及の手をゆるめずに色めき立ちます。

社長のとった対策は迅速でした。

いち早く社内を調査し、報告書をすべて公開しました。しかし、それでもマスコミは追及をゆるめません。

そこで、社長は賭けに出ました。

「マスコミを含む第三者を中心とした調査委員会を組織していただきたい。そしていま報告した内容に瑕疵《かし》があるか綿密に調査をお願いしたい。委員会には調査に関する最高権限を与えます。当社はいかなる資料でも指示があれば提出を拒むものではありません」

そして社長は続けます。

「もし事実とは異なる結果が出てきた場合は、私を含めて役員は退職金を含む全報酬を辞退したうえで総退陣します。そうなれば世間が許さないでしょうから、会社は廃業に追い込まれるかもしれません。そのための調査をおこなってください」

マスコミが質問をします。

「新たな証拠が出てこない場合はどうするつもりですか」

社長は答えます。

「調査に携わったマスコミのみなさんには廃業をしていただきます。私は全役員から日付が空欄の退任届をあずかり、社内への通知も完了しています。我々は会社の存続と全役員のクビを賭けると申し上げた。ならば、それに関わるマスコミのみなさんにも同様の覚悟で取り組んでいただく必要があります」

結果的にマスコミは第三者委員会を設立したものの、当初から追及するつもりもなく、証拠不十分で事態を収拾していきました。

誰もお咎めがなく、何も新たな事実もなく、事態は終了したのです。

これは、海外の社長決死のドロかぶりの事例ですが、高貴だと思いませんか。

ただし、これはかなりレアなケースですが。

ドロかぶりは究極の処世術である

ドロかぶりとはいってみれば「潔く責任を取ること」です。

みなさんが会社を経営する立場だったとして、何か問題が起きたとき、率先してドロをかぶってくれそうな人物がいたら、その人物を簡単にクビにできますか？

また、そんな有用な人物が他社でドロをかぶってクビになったのを知っていたら、あなたはスカウトしたいと思いませんか？

たいてい、会社に致命的な損害を与えるようなドロを堂々とかぶる人物は、かなり高位の役職につきます。本人がそうでなくても、周囲が望んで高位役職者にしたがるのです。代表者である社長や取締役というケースが多いでしょうか。

ということは、**会社がドロをかぶせようと考えている人物は、自然と高位に出世していくものなのです。** 逆をいえば、ドロをかぶらない平社員は、いつまでたっても平社員のままなのです。

ドロかぶりは究極の出世術といってもいいでしょう。

いや、よく考えてみてください。このご時世、一般のサラリーマンであれば、基本的に一度クビになったら、なかなか次の職は見つけられないものです。ましてやそれが不祥事がらみのクビとなれば、ますますハードルは高くなります。

ところが、本書で解説してきたドロかぶりの作法を実践した人だったら、どうでしょう。

社外にもたくさんのネットワークを築いています。クビの事情をよく知っている経営者からすれば、ぜひ自分のところに来てほしい人材なのです。**ドロをかぶることが、自分の人生の安全保障にもつながっている**のです。

もし、みなさんの前にドロが生じたら、それは大きなチャンスなのです。日ごろからおそれずドロをかぶる準備をしておけば、何も心配することはありません。

ドロかぶりは夢見人である

以前、野球選手の野茂英雄氏が海外へ飛び立つときに、「不安はありませんか?」という質問に対して次のようにコメントしていました。

「期待はあるが不安はない」

不安はあるけれども、それを上回る大きな期待があるから、突き進むことができるということでしょう。

会社に対しても同じことがいえます。

会社に夢を持てるからこそ、がんばれるのです。ドロをかぶる際には、この「夢」の存在を忘れてはいけません。

すでにドロかぶりの経験があったり、本書に書いてきたようなテクニックを実践している人がいれば、いまの状況を検証してみてください。

「ドロをかぶっているのに、自分の夢には近づかない」
「一生懸命がんばっているんだけど、なんだか前に進んでいない」

このような人がいれば、それは、空回りしている証拠です。独りよがりのがんばりです。やる気だけではダメなのです。

こんなときは初心に帰って、ドロかぶりのシミュレーションをしてください。

会社で腕利きの「ドロかぶり」として認知されれば、あなたにできないことはなにもないと自信を持てるはずです。そしていろいろなことにチャレンジするようになるでしょう。

ドロかぶりに昇進したあなたは、あなたが変わらなければ会社は変わらない、あなたが動けば会社も動くという存在になっているはずです。

こうなった時点で、あなたには豊富な人脈が構築されていることを意味します。

あなたに興味・共感を持ってくれる人がたくさんいます。

あなたを支えてくれる人があふれています。

一人ではできないことでも、あなたと同じ意見や価値観を持っている人たちを巻き込んでいけば、大きなうねりとなって夢の実現に近づくでしょう。

かぶるドロが大きければ大きいほど、夢がかなったときの楽しさや喜びも大きくなります。あなたはすでにそれがわかっているはずです。

もっと大きな夢を見て、もっと大きなドロをかぶってください。

未来を切り開くドロかぶり

ドロかぶりは状況改善が上手です。たとえば、経営状態が悪い会社を立て直す場合、以下の3つの方法があります。

①売上を増やす
②コストを減らす
③利益率を改善する

これは経営学の世界では常識といえる法則ですが、これを会社人生に置き換えて考えてみましょう。会社を自分の人生として、いま経営状態が悪化している状況、つまり何かしら不満やストレスがあり、人生がうまくいっていない状況を改善したいとしましょう。考えられる対処法は以下の3つです。

①満足な状況を増やす（売上を増やす）
②おかれた状況を理解して、不満足に対する耐性を上げ、結果的に状況を改善する（コストを減らす）
③状況に適応し、自らの考え方を改善することで、順応率を高めて満足度を上げる（利益率を改善する）

ほとんどの人は、現状に不満を感じているとき「②」の対処法を取りがちです。なぜなら①のように満足な状況を増やそうとすれば、自分の権限の範囲外に力を使う必要が出てきますし、③のように自分の考え方を変えることには強い抵抗感があるからです。

一方、②の選択肢は比較的実行しやすいものです。おかれた状況を理解して不満足に対する耐性をつけるということは、「いまの状況は一時的なもので、ずっと続くものではない」という考え方を意味します。現状を受け入れたうえで、いつかは満足な状況がきっとくるはずだ、というある種の楽観的な考え方ともいえるでしょう。

しかし、この状況は「無理やり我慢している」ことに変わりはありません。いつまでたっても状況が改善しない場合、精神的に疲れ果てることは目に見えています。

ドロかぶりのプロは「③」を選びます。会社のルールに順応し、上司の嗜好を理解し、求められる結果に向けて、柔軟に自分を変化させるのです。**ドロかぶりはいわば会社の不条理を受け入れることができる**のです。

会社を含め、世の中は自分にとって不誠実なものです。すべてが白黒はっきりしているものばかりではありません。あいまいなものをあいまいなまま認める、会社の黒い部分を黒いまま認める、そんな潔さが多かれ少なかれサラリーマンにとって必要なのです。これを理解して、自分を順応させることができた人から、明るい未来が目の前にひろがっていくのです。

ドロかぶりはとてもあいまいな存在です。何か不祥事が起きたり、うまくいかないプロジェクトが出てきたりしたときに、その責任を一身に背負わされる存在なのに、多くの会社経営者にとっては、のどから手が出るほど欲しい存在なのです。最初にクビを切られる存在なのに、一番必要な存在……、とても不思議な立場ですよね。

私は会社や世の中があいまいなものであるからこそ、ドロかぶりもあいまいな存在なのだと考えています。だから、ドロかぶりのテクニックは、会社生活を送るうえで、もっといえば人生をまっとうしていくうえで、大きなアドバンテージを生み出すのです。

そう考えたから、私は本書を執筆しました。**ドロかぶりを議員秘書の特権にしておいてはいけないのです。**特権階級が知識を隠蔽したときから、その国の衰退が始まるのです。本書によって提示したドロかぶりのテクニックが、ひとりでも多くの悩めるドロかぶりを救うことにつながれば、これほどうれしいことはありません。

おわりに

ドロは仕事の宿命です。

スキャンダルや不祥事があった場合、小さなところでは、仕事のミスや失敗を押しつけられたときに、「ドロをかぶらされた」といいますね。政治の世界では、不祥事があるたびに議員秘書がドロをかぶらされることが少なくありません。

しかし「ウチの先生にドロをかぶらされた」という議員秘書はまずいません。

それはなぜでしょうか？

みなさんにお聞きしたいことがあります。不満を上司にぶつけて何か改善したことがありますか。私の知りうるかぎり、状況が改善されたケースはあまり聞いたことがありません。むしろ、不満分子としてチェックされることのほうが多いのではないでしょうか。

議員秘書はどうでしょうか。不満を持たないのでしょうか。私を含めてみなさんと同じように不満を持っています。彼らも同じサラリーマンです。サラリーマンでありながらも仕事の安定性はなく、薄給で社会保険もなく、勤務時間も非常に長いなど、普通のサラリーマンよりはるかに厳しい労働条件であることが少なくありません。

そんな状況にもかかわらず、議員秘書が不満を口にすることはありません。同じ秘書仲間の前であればなおさら、不満はいいません。事務所の取引先などでは論外です。ひと言不満を発した途端に、先生の信頼を失墜させて品位を汚してしまうことになるからです。

この公の場で不満をいわないのもひとつのドロかぶりテクニックです。

秘書の仕事は一見、華やかに見えるかもしれません。しかしその現実は過酷そのものです。ところが、秘書の仕事のノウハウはいまのビジネス社会を生きる私たちにとって非常に有意義なものも少なくありません。

そのひとつが本書で解説してきた「ドロのかぶり方」なのです。

あなたが「ドロのかぶり方」を覚えたのなら、自信を持ってください！

ドロかぶりの技術があれば、いまのスタイルを大幅に変える必要性はありません。

仕事に不満を持ってもいいんです。

小さなことにクヨクヨしてもかまいません。
憂鬱になって悩んでください。
ドロかぶり法をマスターしたあなたは、すでにこれら仕事の本質とうまく付き合いながら、成果を出していく術を身につけているはずです。

本書の出版に際してお世話になっているみなさまに感謝申し上げたいと思います。松下倶子学園長（恵泉女学園）、橋本久美子先生（橋本元総理夫人）、三友雅夫医博・名誉教授（宇都宮短大・関西福祉大）、野上芳彦名誉教授（京都精華大）、増田哲也学校長（東京国際ビジネスカレッジ）、長原巨樹本部長（日産自動車）、加藤博敏社長（ピーエイ）、藤井滋取締役（ＭＳＣ）、判田直子医師に心より御礼申し上げます。

また、本書の企画立案の段階から、構成のアイディアや編集にご協力をいただいた版元である（株）マイナビの小山太一氏に心より感謝申し上げます。小山さんの斬新なアイディアと編集力がなければ本書が世に出ることはなかったと思います。ありがとうございました。

そして、最後に本書を出版するにあたって、その機会を提供いただいた、ネクストサービス（株）の松尾昭仁社長に心より御礼を申し上げたいと思います。

松尾さんはすでに多くのビジネス書を上梓されている人気コンサルタントとして有名ですが、本書出版は彼の主催していた出版スクールへの参加がきっかけでした。今回このように出版が実現できたことをうれしく思っています。

最後に、この本を手にとっていただいたあなたへ。

この出会いに感謝いたします!!

本書が、多忙な日常を過ごしているみなさまにとって、少しでもお役に立てれば著者としてうれしく思います。多くのみなさまの新たな道標になることを期待し、私自身も成すべきことを成していこうと思います。

２０１３年８月吉日　尾藤克之

参考文献

『代議士秘書』(講談社文庫　飯島 勲)
『代議士秘書残酷物語』(Yell books　本沢二郎)
『選挙必勝法・表ワザ・裏ワザの研究』(Yell books　本沢二郎)
『名将に学ぶ人間学』(三笠書房　童門冬二)
『人たらしになる会話術』(ＰＨＰ文庫　内藤誼人)
『人たらしのブラック心理術』(だいわ文庫　内藤誼人)
『あたりまえだけどなかなかできない42歳からのルール』(明日香出版社　田中和彦)
『45歳からの会社人生に不安を感じたら読む本』(日本経済新聞出版社　植田 統)
『プロの交渉術。』(大和書房　長野慶太)
『ハイ・フライヤー』(プレジデント社　モーガン・マッコール)
『大人のケンカ必勝法』(ＰＨＰ文庫　和田秀樹)
『いい会社はどこにある？ いい人材はどこにいる？』(ＰＨＰ研究所　伊藤秀一)

『他人を見下す若者たち』（講談社　速水敏彦）
『労政時報 NO3778, 116-117, 2010-07-23』（尾藤克之　労務行政研究所）
『企業と人材 ,78-79,2010-6』（尾藤克之　産労総合研究所）
『Goleman, Daniel and Boyatzis,Richard Primal Leadership: Learning to Lead with Emotional Intelligence』Harvard Business School Pr 2004
『Spencer, Lyle et al. Competence at Work: Models for Superior Performance』John Wiley & Sons Inc 1993-3
『Emotionale Intelligenz. Sonderausgabe.』Daniel Goleman（2001/11）

企画協力

ネクストサービス株式会社………松尾昭仁

●著者プロフィール
尾藤克之（びとう・かつゆき）
東京都出身。マネージングディレクター。衆議院議員秘書、大手コンサルティング会社、IT系上場企業等の役員を経て現職。人間の内面にフォーカスしたEQメソッド導入に定評があり、リスクマネジメント協会「正会員認定資格HCRM」監修、インデックス「公式サイトEQ診断」監修、ツヴァイ「結婚EQ診断」監修など多方面で実績がある。社会貢献事業（アスカ王国）を運営。著書に『小さい夢から始めよう』（生産性出版）、『就活と採用のパラドックス』（パブラボ）など。埼玉大学大学院博士課程前期修了（経営学修士、経済学修士）。
Facebook https://www.facebook.com/bito1212

マイナビ新書

ドロのかぶり方

2013年8月31日 初版第1刷発行

著　者 尾藤克之
発行者 中川信行
発行所 株式会社マイナビ
〒100-0003 東京都千代田区一ツ橋1-1-1 パレスサイドビル
TEL 048-485-2383（注文専用ダイヤル）
TEL 03-6267-4477（販売部）
TEL 03-6267-4444（編集部）
E-Mail pc-books@mynavi.jp（質問用）
URL http://book.mynavi.jp/

装幀 アピア・ツウ
DTP 富 宗治
印刷・製本 図書印刷株式会社

 ISBN978-4-8399-4704-0
Printed in Japan